Construya un Colector Solar Verde Extremo™ para Calentar Agua

Philip Rastocny

Editorial: Grasslands Publishing House, 8526 Central Avenue, Brooksville, Florida 34613

ISBN: 978-0-9854081-1-4 (Versión en Inglés)
ISBN: 978-0-9854081-3-8 (Versión en Español)

Primer edición – Octubre, 2010
Segunda edición – Junio, 2011
Tercera edición – Marzo, 2013
Cuarta edición – Agosto, 2014

Descubra otros títulos escritos por Philip Rastocny en
http://www.Amazon.com

Traducción al español por: Rafael Larios Nossiff

Extreme Green™ es una marca registrada por Philip Rastocny
Lowe's® y el diseño del tejado de dos aguas son marcas registradas por LF, LLC.
El Sid™ es una marca registrada por Ivan Labs.
Intermatic® es una marca registrada por Intermatic, Inc.

Tabla de Contenido

Prefacio

En la actual crisis de energía, mucha gente ha estado buscando maneras de ser verdes y reducir el consumo de sus servicios públicos. Las instrucciones que se presentan en este libro le mostrarán cómo hacerlo y así poner el ejemplo a sus amigos, vecinos, y especialmente a su familia.

Estas instrucciones le proporcionarán los detalles necesarios sobre cómo construir un colector solar para calentar agua sin partes móviles, que no requiera electricidad para funcionar, y pueda trabajar incansablemente para usted todos los días que brille el sol.

"El proceso convencional para calentar agua representa una gran porción de su recibo de luz o gas. Típicamente el consumo de un calentador de agua representa de un 20% a un 50% de su recibo mensual y paulatinamente erosiona su presupuesto familiar de manera silenciosa. Ahora, usted puede hacer algo para reducir, o mejor aún, detener esta fuga de dinero."

Estas instrucciones, -diseñadas para quien gusta de hacer proyectos por sí mismo- le darán soluciones paso-por-paso para crear un sistema sin partes móviles, libre de mantenimiento, fácil de armar y tolerante a las temperaturas por debajo de congelación. Casi cualquier persona –con habilidades mínimas- puede llevar a cabo este proyecto por sí mismo, y quizá necesite la ayuda de algunos amigos talentosos.

Debido a que su calentador de agua existente ya está en funcionamiento, no se necesitarán electricistas. Aún cuando se requieren habilidades de plomería, soldadura, corte, colocación de tornillos, aplicación de pegamento, carpintería, excavación, nivelación, armado, etc. estas habilidades típicamente las realizan individuos promedio en proyectos comunes diseñados para "Hacerlo Uno Mismo".

Para que su inversión de materiales sea baja, se menciona de manera importante en este diseño el uso de una puerta de vidrio-doble reciclada, -lo cual es extremadamente verde para el ambiente-. También, para ahorrar aún más dinero, se recomienda el uso de su calentador de agua (que esté aún en buen estado) convencional existente –en vez de comprar uno nuevo (que es algo caro) específicamente diseñado como calentador de agua solar – y así evitar enviar su calentador de agua al basurero.

Así que con estos pensamientos en mente, disfrute construir algo que no solamente haga saber al mundo acerca de sus habilidades como alguien que sabe hacer las cosas por sí mismo, sino también sobre su conciencia verde. Sus familiares y amigos estarán sorprendidos acerca de que tanto se puede hacer con los objetos cotidianos que nos rodean. El hecho de saber que usted hizo algo en favor del movimiento verde le generará un sentimiento fantástico insuperable y a la vez le permitirá disfrutar por muchos años de agua calentada por el sol.

Tómese su tiempo, haga un buen trabajo y diviértase.

Philip Rastocny

Limitación de Responsabilidad

USE ESTAS INSTRUCCIONES BAJO SU PROPIO RIESGO.

Estas instrucciones incluyen información para modificar y cortar las tuberías del sistema de plomería y otros sistemas de su hogar, y están orientadas para usarse como **guías** únicamente.

El dueño de estas instrucciones por este medio renuncia toda responsabilidad contra Grasslands Corporation, sus autores, empleados y directores, sus socios y afiliados, y sus distribuidores y vendedores al detalle. Al usar estas instrucciones se indica que el dueño acepta toda la responsabilidad y exime a Grasslands Corporation, sus autores, empleados y directores, sus socios y afiliados, y sus distribuidores y vendedores al detalle de cualquier daño material o corporal resultante, sin importar la causa, incluyendo pero no limitado al mal uso o instalación inadecuada de equipo, accidente sin importar la causa, o negligencia o falla de diseño.

⚠ **ADVERTENCIA**: Después de instalar este colector solar para calentar agua en el sistema de agua caliente de su hogar, la temperatura del agua en su calentador de agua tendrá una amplia variación dependiendo de que tanto sol haya disponible cada día. Como resultado, la temperatura del agua en su calentador de agua no será constante.

Bajo ciertas condiciones es posible que se alcancen temperaturas muy altas en el calentador de agua.

Para evitar quemaduras siempre asegúrese de tener una mezcla adecuada con agua-fría antes de usar la regadera, bañarse en tina, lavarse o exponer su piel al agua caliente.

Se ha hecho todo esfuerzo razonable para asegurar la precisión y validez de la información proporcionada en estas instrucciones. Sin embargo, podrían existir todavía algunas imprecisiones, errores tipográficos, y/o contenido incompleto.

Algunas municipalidades requieren de permisos de construcción e inspecciones para efectuar ciertos aspectos de construcción más allá del objetivo de estas instrucciones. Siempre consulte con su Departamento o Secretaría Municipal de Obras Públicas ANTES de comenzar cualquier proyecto en su hogar para asegurar que se cumplan todos los pre-requisitos regulatorios de ley.

Introducción

Estas instrucciones explican cómo construir un colector solar de baja tecnología y bajo costo que recolecta una cantidad significativa de energía solar y compite fácilmente con otros sistemas que cuestan cientos de dólares más. Estas instrucciones también consideran el uso de su calentador de agua existente (sí es que está todavía en buen estado) y otros materiales disponibles en la mayoría de las ferreterías. Estas instrucciones explican cómo construir un panel solar de 36" x 80" (cerca de 20 pies cuadrados de área de calentamiento interna) usando el panel de vidrio y el marco de una puerta deslizable de vidrio para exteriores.

El Laboratorio Nacional de Energías Renovables de los Estados Unidos (de sus siglas en inglés NREL; National Renewable Energy Laboratory) recomienda destinar cerca de 20 pies cuadrados de área de colector solar por cada 40 galones de agua en su calentador de agua para la mayoría de los climas. En Florida central, uno de estos paneles de 20 pies cuadrados puede calentar agua en un calentador de agua de 50 galones todo el invierno; en climas más hacia el norte, los resultados serán mucho menores. Planeé el tamaño total de su colector basándose en el tamaño de su calentador de agua actual, disponibilidad de radiación solar, y sus temperaturas promedio. Siempre podrá agregar más colectores si es que un solo colector es insuficiente para calentar su agua adecuadamente.

Recomiendo enormemente que trate de encontrar una puerta deslizable de vidrio doble para exteriores poniendo un anuncio en la sección de avisos de ocasión de su periódico local. Al reciclar estas puertas usted evita que lleguen al basurero, además se pueden encontrar por un 10% del precio de un vidrio doble nuevo de este tamaño. Los vidrios dobles nuevos se pueden encontrar con cualquier vendedor de vidrio si es que no puede localizar uno usado pero el marco se necesita para montar el panel sobre el marco del colector solar

Prerrequisitos

- Este sistema utiliza el principio del termo-sifón para operar lo que significa que no hay partes móviles ni se necesitan partes eléctricas para su operación. Este principio requiere que la parte más alta de su panel solar se encuentre MAS ABAJO que la parte inferior de su calentador de agua. Típicamente, su colector solar se encontrará cerca de 36" por encima del nivel del suelo. Vea la Parte 3 de estas instrucciones para determinar exactamente la altura a la que estará su colector solar.

- Si la longitud de las tuberías es muy larga o la diferencia de alturas es inadecuada entre el colector solar y el intercambiador de calor, el efecto termo-sifón será inadecuado y necesitará ayudar al flujo del fluido con bombas (vea Apéndice C).

- El intercambiador de calor debe siempre montarse en la parte inferior del calentador de agua.

- Seleccione un lugar para el colector solar que esté tan cerca de su calentador de agua como sea posible para reducir las pérdidas de calor en las tuberías al mínimo.

- Seleccione un lugar para su colector solar de manera que reciba al menos cuatro horas de luz solar directa por día, sin obstrucciones de ningún tipo. Recuerde que para obtener la cantidad máxima absoluta de calor del colector, es esencial orientarlo hacia el sur o ligeramente hacia el suroeste.

- Es posible que necesite un permiso de construcción de su departamento local de Obras Públicas cada vez que haga algún cambio a su casa. Si vive en una comunidad o colonia privada con restricciones propias, quizá también necesite la aprobación de ese comité. Consulte con ellos antes de comenzar.

- Para calentadores de agua eléctricos, asegúrese que el ánodo de sacrificio esté en buenas condiciones – de no estarlo, cambie este ánodo ahora antes de comenzar este proyecto.

- Si su calentador de agua ya está muy viejo, ahora sería buen momento para cambiarlo por un modelo más eficiente.

- Es una buena idea leer y comprender estas instrucciones antes de empezar este proyecto. Saber con anticipación que es lo que va a necesitar le ayudará a planear sus recursos y su tiempo.
- Si no es posible colocar su colector en la manera descrita en la Figura 1, vea el Apéndice C para más información sobre cómo usar una bomba eléctrica de circulación entre el colector y el intercambiador de calor.
- Si vive en una región Tropical y está seguro de que no hay ninguna posibilidad de que se congelen las tuberías de agua, vea el Apéndice E.

Figura 1- La parte más alta del colector debe estar por debajo de la parte inferior de su calentador de agua.

Herramientas

Para fabricar los componentes y sub-montajes, se utilizan herramientas manuales y de baterías bastante comunes. Es probable que tenga ya la mayoría de estas herramientas, sino probablemente su vecino pueda prestárselas. Hay tiendas que pueden rentarle herramientas que usted no tenga interés en comprar. Lo que necesitará se lista a continuación:

- Sierra ingletadora
- Sierra caladora
- Sierra circular
- Taladro
- Corta tubo
- Papel Lija
- Soplete de propano
- Soldadura de plata y fundente (para uso en tuberías de agua potable)
- Flexómetro o cinta para medir
- Escuadra de carpintero
- Lápices para marcar
- Sierra cilíndrica para agujeros (con broca de 1")
- Llave Stillson o llaves para tubo
- Llaves perica o llave ajustable

Materiales

Los materiales necesarios se desglosan en sus sub-montajes: El calentador de agua, el intercambiador de calor, el colector, y el marco de soporte para el suelo. Las dimensiones de todos los materiales se basan en el tamaño del marco del colector de 35 ¼" x 78 ¼" (el tamaño de una puerta deslizable de paneles de vidrio para exteriores). El Apéndice A tiene una lista completa de los materiales que incluyen los números de parte y precios de la tienda Lowe's®.

Calentador de Agua

- Aislamiento Reflectix® – Suficiente para envolver con dos capas alrededor de las paredes laterales, dos capas bajo la parte inferior, y tres capas alrededor de la parte superior.
- Cinta de aluminio de 2" de ancho
- Piezas de tubo NPT de ¾" (fabricadas según se describe posteriormente en estas instrucciones)
- Cinta de Teflón

Intercambiador de Calor

El intercambiador de calor en sí no puede adquirirse en ninguna ferretería o tienda departamental. En el Apéndice A encontrará un proveedor de este componente.

- Un tanque (pequeño) de expansión de 2 galones.
- Mangueras flexibles metálicas de ¾" con conectores hembra para calentador de agua.
- Intercambiador de calor (Sección 30 mínimo)
- Cinta de Teflón
- Codos de 90 grados de ¾" hembra-hembra
- Aislamiento Reflectix – Suficiente para encapsular el intercambiador de calor completamente y todos los adaptadores de conexión.
- Cinta de aluminio de 2" de ancho

Colector (cada uno)

- Vidrio doble aislado (el panel fijo de una puerta de patio de 6 pies (panel de 36" x 80") funciona maravillosamente para lo que queremos hacer además ayuda a reciclar materiales). Debe ser de vidrio doble estándar (no del tipo de baja-E).
- Madera tratada de 1" x 6" para los lados (la cantidad suficiente para fabricar el perímetro alrededor de su vidrio)

- Rollos de 4 pies x 8 pies de aislamiento Reflectix (la cantidad suficiente para aislar todos los lados y la pared trasera interior del colector además de todos los tubos entre el colector y el intercambiador de calor)
- Hojas de Aislamiento Térmico Foam 4 pies x 8 pies. (Suficiente para aislar todos los lados y la parte trasera del colector)
- Triplay tratado de ½" de 4 pies x 8 pies
- Madera tratada de 2" x 2" para los bloques de las esquinas del marco.
- Pintura en aerosol negra de alta temperatura para motores de combustión interna
- Pegamento para madera
- Tornillos para madera (para mayor duración use de acero inoxidable)
- Tubo de cobre de ¾"
- Codos de 90 grados de ¾" Macho-Hembra
- Codos de 90 grados de ¾" Hembra-Hembra
- Conectores roscados para tubo de ¾" Hembra-Macho
- Silicón para sellar ventanas exteriores
- Tornillos 2 ½" para madera exterior
- Aislamiento de espuma expandida
- Aislamiento Reflectix – suficiente para encapsular completamente el intercambiador de calor y todas sus conexiones
- Cinta de aluminio de 2" de ancho
- Pintura exterior (opcional)
- Sello auto-adherible de hule-espuma de celda cerrada de ¼"

Marco para soporte en el suelo (cada uno)

- Madera tratada de 2 pies x 4 pies x 8 pies
- Tornillos para madera de cabeza hexagonal
- Tornillos para madera exterior de 3"
- Bases de concreto
- Pintura exterior (opcional)

Parte 1: El Calentador de Agua Existente

Drene el agua de su calentador de agua

1. Cierre la válvula de agua fría hacia el calentador de agua.
2. Guíe le manguera cuesta abajo para que drene adecuadamente.
3. Abra la válvula de dren.
4. Abra alguna llave cercana de agua caliente para permitir que entre aire al calentador de agua.

Examine el interior de su calentador de agua

El primer paso para hacer un sistema solar confiable para calentar agua es determinar en que condiciones se encuentra su calentador de agua existente.

1. Quite la válvula de dren de su calentador de agua con una llave Stillson o herramienta para tubos.
2. Eche un vistazo al interior de su calentador de agua a través del agujero que quedó al quitar la válvula de dren.
3. Revise si hay sedimento acumulado en el interior.
   a. Si hay sedimento acumulado, haga circular agua limpia a través del calentador hasta que quede libre de sedimento. Es posible que necesite inclinar el calentador de agua para que salga todo el sedimento.
   b. Si hay óxido en el agua o el sedimento está tan pegado que no puede quitarse con el chorro de agua, reemplace el calentador de agua por uno nuevo.
4. Solo para calentadores de agua eléctricos, con una llave para tubos quite y revise el ánodo.
   a. Si el ánodo está disuelto casi en su totalidad, reemplace el ánodo.
   b. Si el ánodo está parcialmente disuelto, puede reemplazarlo ahora para evitar tener que hacerlo en el futuro cercano.

Figura 2 - Sedimento Extraído de adentro del Calentador de Agua Existente con el chorro de Agua de la Manguera.

Agregue Aislamiento por Debajo del Calentador de Agua (Modelos Eléctricos Únicamente)

Nota: Bájele al menos 5 grados al control de temperatura en el elemento eléctrico inferior con respecto a la temperatura del elemento superior.

1. Levante el calentador de agua vacío del suelo.
2. Deslice dos hojas de aislamiento Reflectix por debajo.

Acorte el Tubo de Alimentación de agua fría

1. Desconecte la línea de suministro de agua fría del tubo de alimentación de agua fría.
2. Quite el tubo de alimentación de agua FRÍA de la parte superior del calentador de agua. Este tubo se encuentra dentro del calentador de agua y no se puede ver desde afuera.
3. Mida la altura de su intercambiador de calor.

4. Corte una longitud de tubo equivalente a la altura de su intercambiador de calor de la parte inferior del tubo de alimentación.
5. Usando cinta de Teflón, re-selle el tubo de alimentación de agua fría y vuélvalo a poner dentro del calentador de agua.
6. Apriete el tubo de alimentación de agua fría teniendo cuidado de no apretar demasiado.
7. Reconecte la línea de suministro de agua fría.

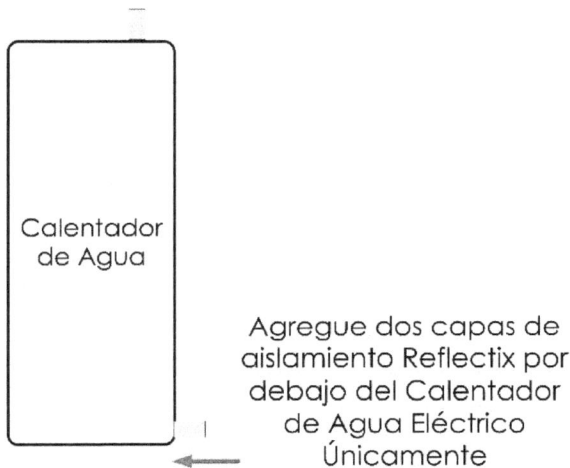

Calentador de Agua

Agregue dos capas de aislamiento Reflectix por debajo del Calentador de Agua Eléctrico Únicamente

Figura 3 - Aplique Aislamiento por Debajo del Calentador de Agua

Instale el intercambiador de calor

Este proceso crea un circuito desde el dren hasta la entrada de agua fría y requiere de fabricación especial dependiendo de su tipo de calentador de agua. Este es un proceso simple de cortar y medir y después usar las mangueras flexibles para insertar el intercambiador de calor dentro del circuito. Abajo se muestra un diagrama de este circuito que usa el tubo típico de ¾" pero el tamaño de su tubería puede variar.

Como todas las instalaciones de calentadores de agua son diferentes, no hay manera de decirle que longitud de tubería ni que tantos tramos de tubo y adaptadores se necesitan para su instalación en particular. Utilice adaptadores macho de ¾" NPT para conectarlos a las mangueras flexibles del calentador de agua.

> **Importante:** Arme el circuito como se muestra de tal manera que el agua fluya fácilmente a través de curvas suaves y cuando sea posible lo haga en línea recta. Mientras menos curvas haya en este circuito, mayor será el flujo de agua. Esto asegura un óptimo flujo de agua a través de este circuito y crea tanta agua caliente como sea posible sin tener que usar una bomba.

La fabricación de este circuito es simple. Tenga lo siguiente en mente:

- Para la conexión "T" superior puede ser que necesite una pieza de tubo de ¾" para mantener la línea externa lejos de los lados del calentador de agua.
- Asegúrese que la válvula de dren todavía pueda operarse normalmente.
- Utilice cinta de Teflón en todas las conexiones roscadas.
- Deje suficiente espacio alrededor de los tubos y el intercambiador de calor para poder darles servicio en el futuro.
- Reconecte la línea de agua fría al calentador de agua (el tubo en la conexión "T" superior).
- Mantenga las tapas protectoras sobre los puertos sin usar del intercambiador de calor hasta la Parte 4 de estas instrucciones para evitar que se ensucien y que puedan entrar insectos.

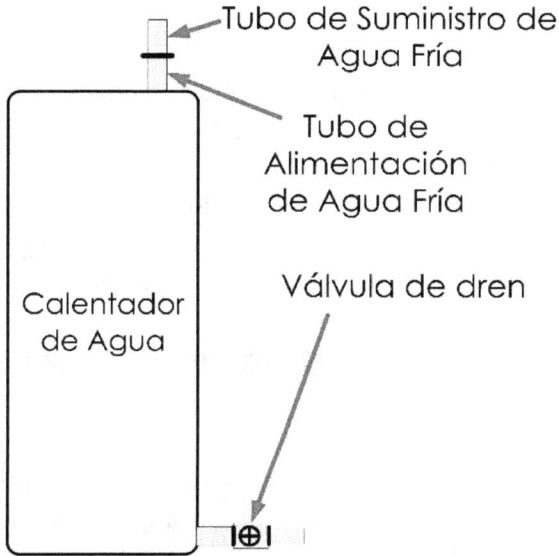

Figura 4 - Configuración de la Tubería Antes

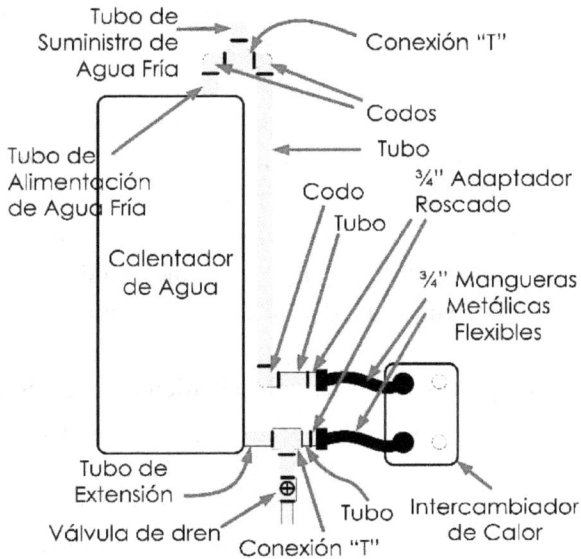

Figura 5 - Configuración de la Tubería Después

Revise si hay Fugas

1. Cierre la llave de agua que abrió al principio de esta parte. (Vea el paso 5 en la Parte 1: El Calentador de Agua Existente).
2. Abra el suministro principal de agua y revise que no haya fugas en el área donde usted hizo el trabajo.
3. Espere al menos 30 minutos para ver si hay algún goteo lento.
4. Apriete o repare las fugas según sea necesario.

Aplique Aislamiento al Calentador de Agua e Intercambiador de Calor

Una vez que esté seguro de que no hay fugas, aplique aislamiento al calentador de agua y el intercambiador de calor con aislamiento Reflectix. Envuelva con al menos dos vueltas alrededor de los lados y selle con cinta de aluminio todos los bordes del aislamiento. Corte piezas circulares para poner encima de la parte superior y selle las orillas con cinta de aluminio. Asegúrese de que haya acceso para las conexiones eléctricas y el panel de acceso para el elemento calefactor.

> ⚠ ADVERTENCIA: Asegúrese de que exista el espacio adecuado de este aislamiento alrededor de las aberturas de ventilación y chimeneas. Verifique con su departamento local de Obras Públicas los requerimientos de espacio adecuados y cualquier limitación del aislamiento en su calentador de gas o eléctrico.
>
> Una instalación inadecuada del aislamiento puede crear condiciones de operación poco seguras y resultar en potencial peligro de incendio.

Aplique aislamiento a los tubos de agua fría y caliente. Tómese su tiempo aislando estas tuberías. Corte el aislamiento para envolver uniformemente alrededor de los tubos con un traslape adecuado.

Envuelva las secciones rectas primero y después envuelva los codos. Selle con cinta de aluminio todas las orillas del traslape para que de esa manera encapsule completamente el aislamiento y la tubería.

Fije el intercambiador de Calor

Fije el intercambiador de calor de alguna manera para asegurarse de que no se mueva de su lugar. Para hacer esto se pueden usar tiras de lámina de metal o ganchos para tubos.

Aplique Aislamiento a Todos los Tubos

Use el aislamiento Reflectix y envuelva los demás tubos con al menos dos capas de aislamiento. Use cinta de aluminio para sellar todas las orillas traslapadas.

Resumen de la Parte 1

El primer paso para instalar el colector solar para calentar agua que usted mismo hizo, es instalar el intercambiador de calor a su calentador de agua existente. El solo hecho de agregar un circuito de paso desde el dren hacia la entrada de agua fría le proporciona un camino para que fluya el agua almacenada dentro del tanque sin que haya consumo de agua. Al usar curvas suaves y secciones de tubo rectas donde sea posible, hará que el agua caliente circule por efecto termo-sifón (por convección) a través del intercambiador de calor que se encuentra en la parte inferior y dentro del calentador de agua sin usar ningún tipo de bomba.

El diagrama a la derecha muestra la instalación una vez terminada y la operación del principio de convección.

El calentamiento por convección es un proceso silencioso y altamente eficiente pero también lento. Un calentamiento por convección similar se aplica al otro lado del intercambiador de calor el cual se explica posteriormente en estas instrucciones suministrando una fuente totalmente gratis de calentamiento.

Mientras que el calentamiento por convección ofrece una solución sin partes móviles para obtener calor, puede ser que no funcione en todas las situaciones. Vea el Apéndice C para más información sobre cómo usar bombas eléctricas para asistir al proceso en tales situaciones.

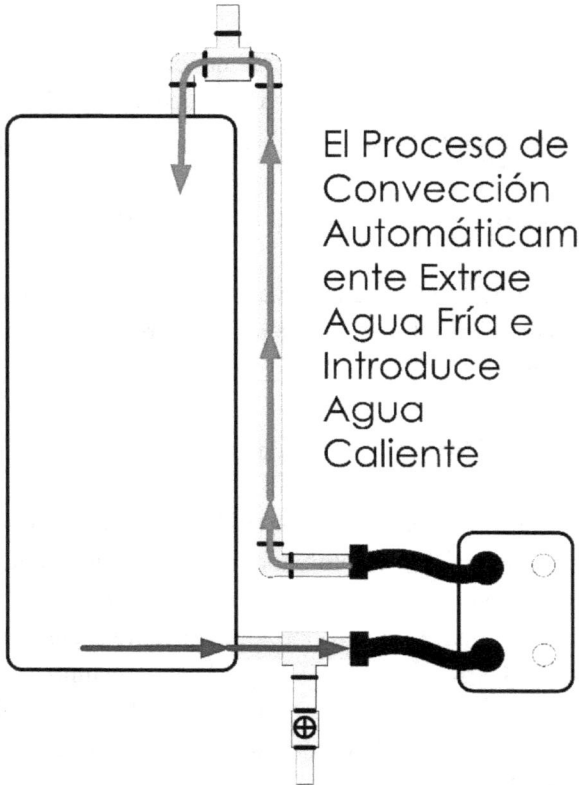

El Proceso de Convección Automáticamente Extrae Agua Fría e Introduce Agua Caliente

Figura 6 - Cómo Calienta el Agua el Proceso de Convección Dentro del Tanque

Parte 2 – Construya el Panel Solar

Con anterioridad usted seleccionó un lugar para su colector solar que lo orientaría hacia el sol y lo colocaría de tal manera que la parte más alta del colector solar estuviera por debajo de la parte inferior del tanque de agua caliente. También seleccionó este lugar de tal manera que los tubos que unen al colector solar con el intercambiador de calor fueran tan cortos como sea posible. Este es el momento adecuado para construir el panel colector solar del vidrio y los materiales que usted ha armado.

Mida el Marco de Vidrio

Mida el exterior del panel de vidrio estándar (**que NO sea de baja-E**) como se muestra a continuación:

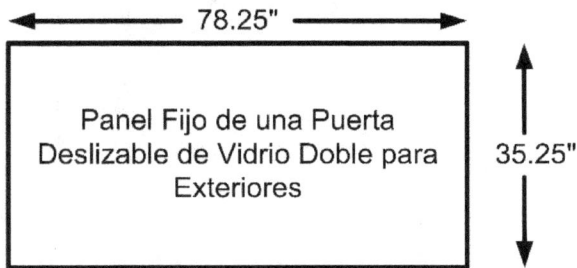

```
◄─────── 78.25" ───────►
┌─────────────────────────┐        ▲
│                         │        │
│   Panel Fijo de una Puerta │     │
│   Deslizable de Vidrio Doble para │  35.25"
│         Exteriores        │      │
│                         │        │
└─────────────────────────┘        ▼
```

Figura 7 - Dimensiones del Panel Doble de Vidrio

Corte y Arme el Marco

Mida la longitud y anchura hasta el extremo del marco (no hasta el extremo de los soportes). En el panel que yo utilicé, el marco midió 78 ¼" de longitud por 35 1/4" de ancho y las dimensiones totales del panel incluyendo los soportes fueron de 80" de largo por 36" de ancho.

1. Corte piezas de la madera tratada de 1"x6" utilizando una sierra ingletadora con las longitudes que usted midió.
2. Corte los bloques de las esquinas de la madera tratada de 2"x2".

3. Atornille temporalmente los bloques de las esquinas en su lugar.
4. Presente el marco de madera sobre el panel de la puerta y verifique que se adapte de manera adecuada.
5. Una vez que se logró una adaptación adecuada, pegue y atornille los bloques de las esquinas en su lugar.
6. Ponga el marco sobre el triplay tratado de ½".
7. Trace el marco sobre el triplay.
8. Utilizando una sierra eléctrica, corte el triplay.
9. Coloque el pegamento a prueba de agua alrededor de la orilla del marco.
10. Ponga la pieza de triplay sobre el marco y atorníllela en su lugar usando los tornillos para madera exterior.

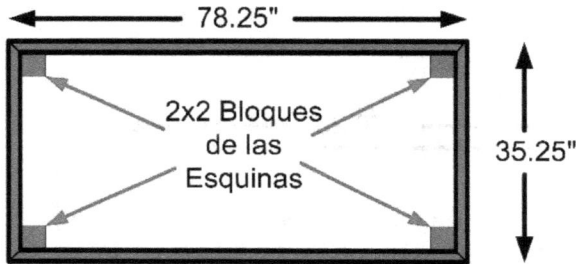

Figura 8 - Haga que Coincidan las Dimensiones del Marco con las Dimensiones del Panel Doble

Instale el Aislamiento Inferior

Se necesitan dos capas de aislamiento en el interior del marco del colector: primero se aplica una capa de aislamiento Reflectix contra la madera tratada y después se cubre con una capa de Aislamiento Térmico Foam con aluminio con el lado brilloso hacia afuera. El lado brilloso funcionará como un espejo para reflejar el calor del sol hacia los tubos.

1. Corte aislamiento Reflectix para colocarlo en el fondo del colector.
2. Grápelo en su lugar.

3. Corte el Aislamiento Térmico Foam con aluminio para colocarlo también en el fondo del colector.
4. Utilice cinta de aluminio para fijarlo ligeramente en su lugar.

Instale los Soportes Internos

1. Corte tres piezas de 33 ¾" de madera tratada de 2" x 2" para que quepan dentro del ancho del marco.
2. Instale los soportes en el fondo del marco (descansado sobre el Aislamiento Térmico Foam con aluminio) como se muestra abajo.
3. Atornille a través de los lados del marco usando un tornillo para madera exterior en cada extremo de cada soporte.
4. Cubra con cinta de aluminio las superficies laterales expuestas (no la parte superior) de los soportes internos para proporcionarle reflectividad a estos soportes.

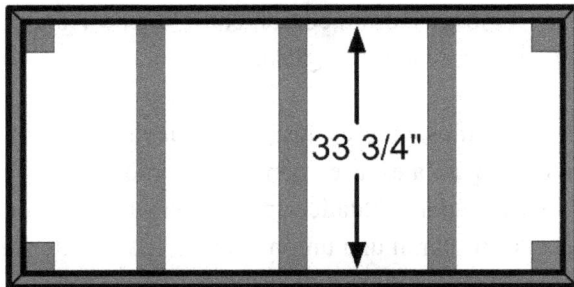

Figura 9 - Instale los Soportes Internos de la Misma Longitud

Instale el aislamiento lateral

Se necesitan dos capas de aislamiento en el interior del marco del colector: primero, una capa de aislamiento Reflectix descansa contra la madera tratada, después ésta se cubre con una capa de Aislamiento Térmico Foam con aluminio cuyo lado brilloso deberá estar hacia afuera. El lado brilloso funciona como un espejo para reflejar el calor del sol hacia los tubos.

1. Corte aislamiento Reflectix para que quede a lo largo de los cuatro lados del marco. Haga ranuras en el aislamiento para que se acomode alrededor de los soportes internos.
2. Grápelo en su lugar.
3. Corte el Aislamiento Térmico Foam con aluminio para que se acomode con los lados del marco de madera. Haga ranuras en el aislamiento para que se acomode alrededor de los soportes internos.
4. Péguelo ligeramente en su lugar.
5. Ponga cinta de aluminio sobre las orillas entre las tablas de aislamiento laterales y del fondo.
6. Use una tira larga de cinta de aluminio a lo largo de la parte superior de los tableros de aislamiento hasta la parte superior del marco (todos los cuatro lados).

Suelde los codos

Suelde un codo Hembra-Hembra con un codo Macho-Hembra usando el soplete de propano y soldadura de plata.

1. Lije los extremos de todas las piezas (dentro y fuera) en las partes que vayan a estar en contacto al soldarse.
2. Unte fundente para soldadura en el interior y exterior de las piezas que formarán una unión soldada (parte exterior de la conexión Macho e interior de la conexión Hembra)
3. Ponga un codo Macho-Hembra (M-H) dentro de un codo Hembra-Hembra (H-H).
4. Ponga las dos piezas juntas en un extremo paradas sobre una superficie plana para asegurar una buena alineación (ver abajo).

   NOTA: Tómese su tiempo en este punto para hacer esto adecuadamente ya que un pequeño des-alineamiento hará una gran diferencia en cómo quedará el montaje completo una vez armado. Pruebe que tan bien alineados están intentando mecer el par de codos con su dedo por la unión. Cuando están bien alineados no se mecerán.

5. Suelde la conexión con el soplete de propano y soldadura de plata.

6. Repita para un total de 17 montajes de codos en forma de "U".

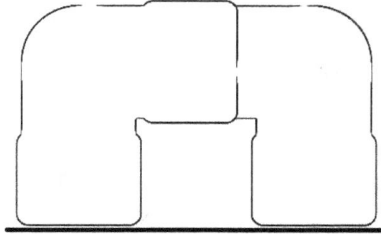

Figura 10 - Montaje en Forma de "U" Soldado Correctamente

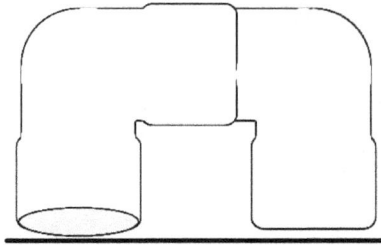

Figura 11 - Montaje en forma de "U" soldado incorrectamente

Corte Piezas Rectas de Tubo de Cobre

El tubo de cobre sigue una trayectoria en zigzag de un lado hacia otro dentro del marco del colector y descansa sobre tres soportes de 2" x 2" arriba del Aislamiento Térmico Foam con aluminio sobre el panel trasero. Esto permite que la luz del sol alcance todos los lados del tubo en vez de solamente del lado del sol lo que aumenta la eficiencia en la absorción de la radiación del sol.

1. Mida la dimensión de la anchura interior entre el Aislamiento Térmico Foam con aluminio (deberá ser de cerca de 74").

2. Réstele 4" a esta anchura.

3. Corte 11 piezas de tubo de cobre con el valor obtenido en el paso anterior (deberá ser cerca de 68").
4. Corte una pieza 2 ½" más larga que este valor (deberá ser de cerca de 70 ½").

Suelde los Montajes en Forma de "U" a los Tubos Rectos

NOTA: Los extremos de la tubería zigzag no llevan conexiones en forma de "U" en ellos.

1. Lije los extremos de todas las piezas (dentro y fuera) donde entren en contacto y vayan a quedar soldadas.
2. Unte fundente para soldadura en el interior y exterior de las piezas justo donde quedará la unión soldada (en el extremo exterior de la conexión Macho e interior en el extremo de la conexión Hembra).
3. Ponga las piezas de tubo rectas dentro de los montajes en forma de "U" como se muestra abajo.
4. Ponga la pieza de tubo que cortó 2 ½" más larga al final del montaje (fila 12).
5. Colóquelas sobre una superficie plana tal como el piso de concreto de su cochera.

   NOTA: Tómese su tiempo en este punto para hacer esto correctamente ya que un pequeño des-alineamiento en este paso puede hacer una gran diferencia en que tan plano quedará el montaje una vez armado. Es importante que quede tan plano como sea posible.
6. Suelde cada conexión con el soplete de propano y soldadura de plata.

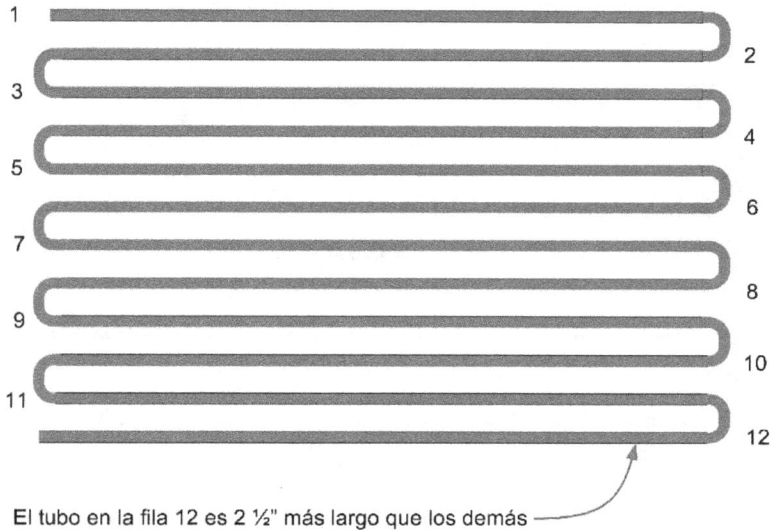

El tubo en la fila 12 es 2 ½" más largo que los demás

Figura 12 - Primer Paso del Montaje en Zigzag

⚠ **Precaución:** Una vez que el montaje esté soldado completamente, procure no aplicar esfuerzos de torsión excesivos. El hecho de aplicar torsiones o tensiones a las uniones soldadas al levantar o mover el montaje en zigzag puede provocarle fugas.

Agregue la Tubería de Retorno

1. Coloque un codo H-H en el tubo más largo al final del montaje (fila 12).
2. Corte una pieza de tubo recto de 23" de longitud.
3. Lije los extremos de todas las piezas (dentro y fuera) donde las uniones entren en contacto y queden soldadas.
4. Unte fundente para soldadura en el interior y exterior de las piezas donde quedarán las uniones soldadas (exterior en el extremo Macho e interior en el extremo Hembra).
5. Suelde todas las uniones.

En este punto el montaje completo en zigzag deberá estar completamente plano y se verá según se muestra abajo.

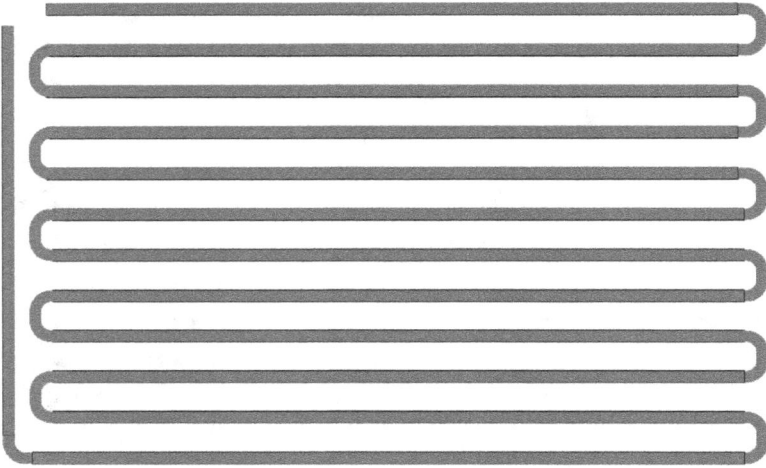

Figura 13 - Segundo Paso del Montaje Zigzag

Presente el Montaje Dentro del Marco

Con el marco acostado horizontalmente sobre el piso, presente el montaje dentro del marco como se muestra abajo. Asegúrese de que haya suficiente espacio en el lado izquierdo para permitir hacer conexiones de tubo adicionales sin tocar el marco en el lado derecho. El montaje zigzag completo deberá quedar sobre los soportes internos como se muestra abajo. Se toleran pequeñas desviaciones pero si el montaje está severamente desalineado, se deberá enderezar y re-soldar.

Marque los lugares donde quedan los extremos del tubo sobre el aislamiento de aluminio dentro del marco

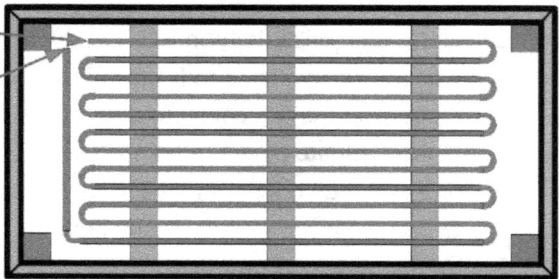

Figura 14 - Presentación del Montaje Zigzag dentro del Marco

Con el montaje zigzag puesto en su lugar final, utilice un marcador indeleble para marcar la posición del extremo de la fila 1 del tubo y el extremo del tubo de retorno sobre el Aislamiento Térmico Foam con aluminio dentro del fondo del marco. Usted necesitará estas marcas posteriormente para cortar el agujero de salida a través del fondo del marco.

Agregue los Soportes de Apoyo

Los tubos en zigzag se dilatarán y contraerán dentro del colector todos los días. Las filas alternas en el lado izquierdo del montaje en zigzag se fijan con soportes de apoyo a los soportes para anclarlos adecuadamente en su lugar.

1. Con el montaje zigzag en su posición final, coloque un soporte de cobre de ¾" sobre la fila 1 centrado sobre el soporte interno de madera.
2. Fije temporalmente con tornillos este soporte.
3. Agregue soportes uno a la vez a las filas 3, 5, 7, 9, 11 y 12 del montaje zigzag.
4. Suelde el punto donde los soportes están en contacto con el montaje zigzag.
5. Fíjelos en su lugar con soldadura.
6. Quite los tornillos de sujeción temporales del soporte 1.

Suelde los soportes de cobre
a las filas 1, 3, 5, 7, 9, 11 y 12

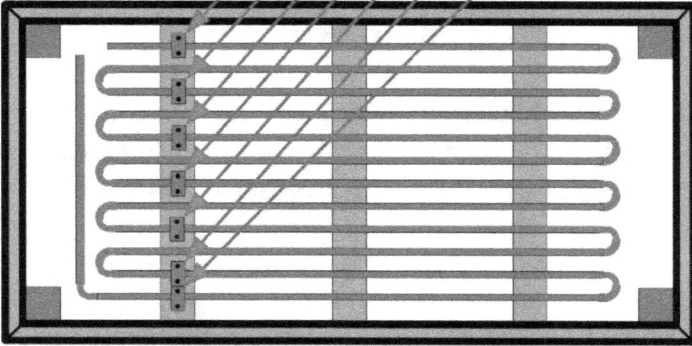

Figura 15 - Suelde los Soportes Fijos de Apoyo Cada Tercer Fila

Corte un Agujero de Salida en el Marco

1. Quite el montaje zigzag del marco y colóquelo boca abajo sobre la misma superficie donde usted soldó los montajes en forma de "U".
2. Levante el marco del suelo (inclínelo contra una pared o colóquelo sobre unos bloques).
3. Del interior del marco, use las marcas que denotan el tubo de la fila 1 y el tubo de retorno y dibuje un óvalo al menos 1 ½" más grande que las marcas en el aluminio.
4. Perfore un agujero guía dentro del óvalo para la segueta de la sierra caladora y con ella corte el agujero de salida.

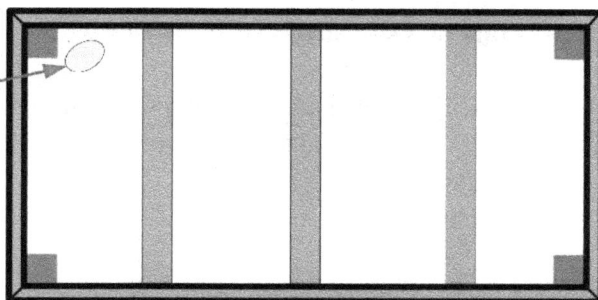

Corte un agujero de salida a través de la parte trasera del marco

Figura 16 - Corte un Agujero de Salida en el Marco

Haga Dos Tubos Cortos de Salida

1. Corte dos piezas de tubo recto de 6" de largo.
2. Agregue un codo H-H a uno de los tubos de 6".
3. Lije los extremos de todas las piezas (interiores y exteriores) donde las partes estarán en contacto y quedarán soldadas.
4. Unte fundente para soldadura en el interior y exterior de las piezas que se soldarán (exterior en conexión Macho e interior en conexión Hembra).
5. Suelde la unión.

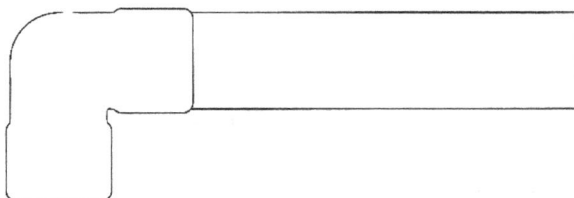

Figura 17 - Tubo Corto de Salida

Haga Dos Adaptadores

1. Corte dos piezas de tubo recto de 3" de largo.
2. Agregue a uno de los tubos de 3" un codo H-H de 45 grados.
3. En el otro extremo del tubo de 3", agregue un adaptador roscado de ¾".

4. Lije los extremos de todas las piezas (interiores y exteriores) donde las piezas estarán en contacto y quedarán soldadas.
5. Unte fundente para soldadura en el interior y exterior de las piezas que se soldarán (exterior en conexión Macho e interior en conexión Hembra).
6. Suelde las uniones.

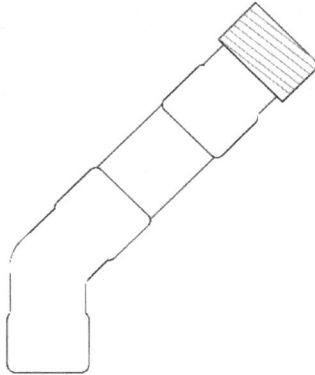

Figura 18 - Pieza Adaptadora con un Extremo Roscado y el otro para Soldar

Agregue los Tubos Cortos de Salida al Montaje en Zigzag

1. Asegúrese de que el montaje en zigzag esté boca-arriba.
2. Agregue un tubo corto de salida a los extremos abiertos de los tubos en zigzag.
3. Acomode los tubos cortos de salida de manera vertical (hacia arriba) y que estén paralelos uno con respecto al otro.
4. Lije los extremos de todas las piezas (interiores y exteriores) donde las piezas estarán en contacto y quedarán soldadas.
5. Unte fundente para soldadura en el interior y exterior de las piezas que se soldarán (exterior en la conexión Macho e interior en la conexión Hembra).
6. Suelde todas las uniones.

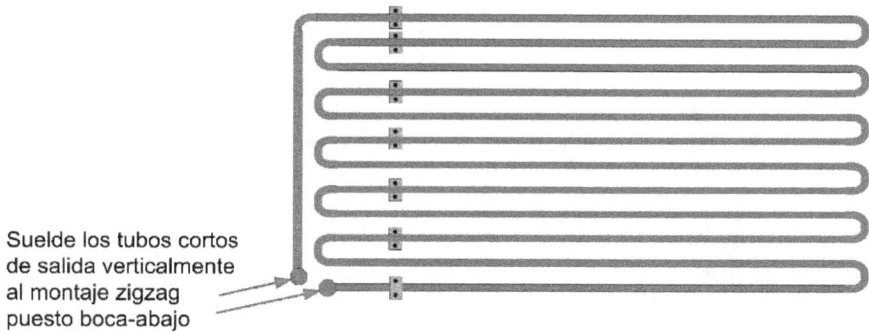

Suelde los tubos cortos
de salida verticalmente
al montaje zigzag
puesto boca-abajo

Figura 19 - Agregue los Tubos Cortos de Salida al Montaje en Zigzag

Agregue los Adaptadores Roscados a los Tubos Cortos de Salida

1. Agregue ambos adaptadores roscados a los extremos abiertos de los tubos cortos de salida.
2. Haga que los adaptadores apunten hacia la parte superior del marco (como se muestra abajo) y que queden paralelos uno con respecto al otro. Asegúrese de que el espacio entre los adaptadores roscados le permite conectar las mangueras flexibles sin obstrucción. (Estos adaptadores podrán doblarse a mano más adelante siempre y cuando haya en este momento un espacio razonable entre ellos.)
3. Lije los extremos de todas las piezas (interiores y exteriores) donde las piezas estarán en contacto y quedarán soldadas.
4. Unte fundente para soldadura en el interior y exterior de las piezas que quedarán soldadas (exterior en conexión Macho e interior en conexión Hembra).
5. Suelde todas las uniones.

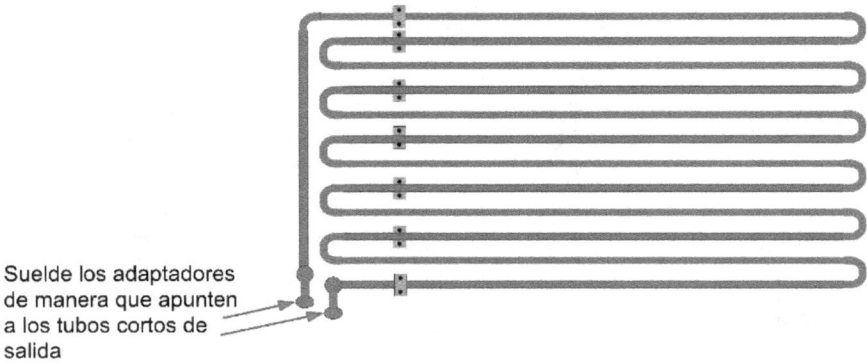

Suelde los adaptadores de manera que apunten a los tubos cortos de salida

Figura 20 - Agregando las Piezas Adaptadoras para conexión Roscada-Soldar a los Tubos Cortos de Salida

Prueba de Presión al Montaje en Zigzag

1. Con el montaje zigzag todavía boca abajo, deslice con cuidado dos tablas de 2"x4" debajo del montaje de manera que pueda ver la parte inferior de todas las uniones soldadas.
2. Conecte ambas mangueras flexibles al montaje.
3. Conecte una manguera de jardín a una de las mangueras flexibles.
4. Conecte la manguera de jardín a una toma de agua.
5. Lentamente abra la llave de agua y deje que el montaje entero se llene de agua. Deje que el agua corra por la manguera flexible abierta hasta que deje de salir aire (todavía dejándola correr con una corriente lenta de agua).
6. Cierre la llave del agua.
7. Ponga el tapón de ¾" en el extremo de la otra manguera flexible.
8. Abra la llave del agua COMPLETAMENTE.
9. Espere al menos 30 minutos y busque si hay fugas. Si encuentra fugas, drene el agua del montaje y repare las fugas re-soldando las uniones. Repita esta prueba de agua hasta que todas las fugas queden reparadas.

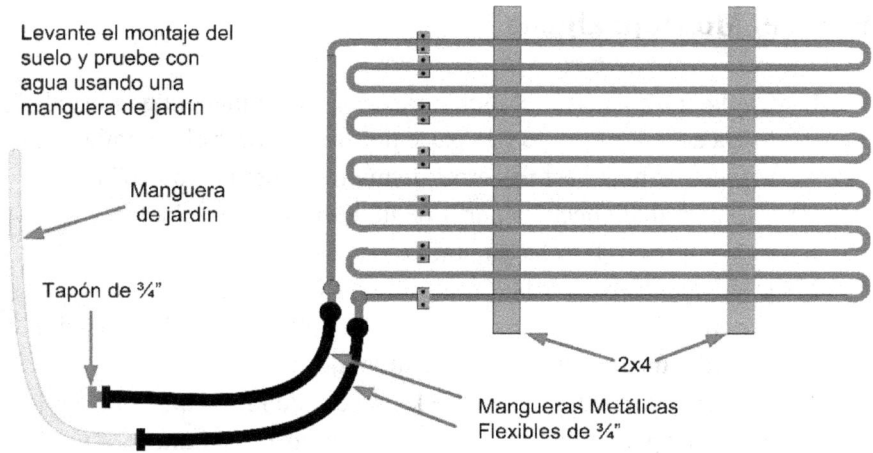

Levante el montaje del suelo y pruebe con agua usando una manguera de jardín

Manguera de jardín

Tapón de ¾"

2x4

Mangueras Metálicas Flexibles de ¾"

Figura 21 - Prueba de Presión al Montaje Zigzag

Drene el Montaje Zigzag

1. Una vez que el montaje esté libre de fugas, quite las mangueras flexibles.
2. Incline la línea de retorno hacia el suelo.
3. Gire lentamente el montaje completo en dirección de las manecillas del reloj (como se ve en la foto arriba) por al menos 20 minutos para drenar el agua de los tubos.
4. Una vez que deje de salir agua, sople aire por un extremo para asegurarse de que toda el agua salió (solo deberá fluir aire a través del montaje).
5. Si no es así, continúe girando el montaje o sople aire con una manguera a presión (use una aspiradora por el lado donde sopla aire o una fuente de aire de mayor presión).

Dentro del montaje quedará todavía una pequeña cantidad de agua. Saque tanta agua del montaje como sea posible antes de proceder con el siguiente paso.

Pinte el Montaje Zigzag

1. Cuelgue o suspenda el montaje zigzag de tal manera que usted tenga acceso al frente y la parte trasera sin tocar el montaje. Una manera de hacer esto es erigir temporalmente un "burro" muy alto de trabajo hecho a partir de un burro comercialmente disponible en ferreterías junto con maderas de 2" x 4".
2. Use ganchos para colgar ropa a través de los agujeros de los soportes de cobre de manera que el montaje cuelgue de manera segura y únicamente toquen al montaje en dos puntos.
3. Coloque cinta adhesiva sobre las roscas de los adaptadores en los extremos para evitar que queden cubiertas de pintura en este proceso.
4. Limpie todas las superficies del montaje en zigzag con acetona para quitar cualquier remanente de grasa o fundente.
5. Con la pintura negra de alta temperatura para motores, rocíe una capa ligera de pintura sobre todas las superficies del montaje, por el frente y la parte trasera (incluyendo los soportes de apoyo).
6. Espere a que esta capa de pintura se seque completamente (típicamente una hora).
7. Mueva los ganchos un poco hacia un lado para exponer el área que quedó sin pintar.
8. Rocíe una segunda capa en todas las superficies del montaje.
9. Deje que esta capa se seque (típicamente dos horas).
10. Quite la cinta adhesiva de los adaptadores.

Instale las Guías de Roble para Tubo y Sello de Hule en el Marco

1. Corte tres piezas de madera de roble de 2" x ¼" con una longitud de 31 1/8" (mismo tamaño que los soportes).
2. Pegue y atornille estas guías para tubo a los soportes.
3. Agregue las tiras de celdas cerradas para intemperie alrededor de la orilla superior del marco.

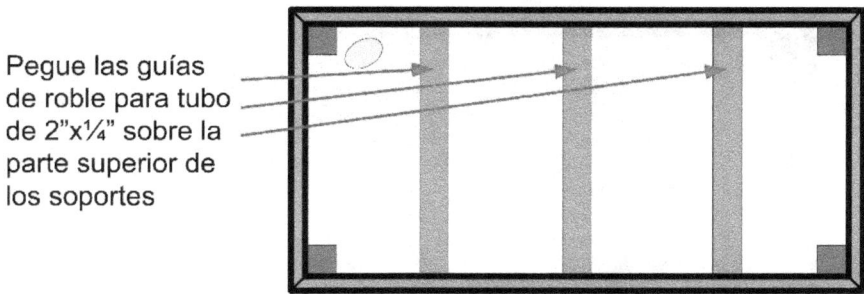

Pegue las guías de roble para tubo de 2"x¼" sobre la parte superior de los soportes

Figura 22 - Pegue las Guías de Roble para Tubo a los Soportes del Zigzag (Uno para Cada Uno)

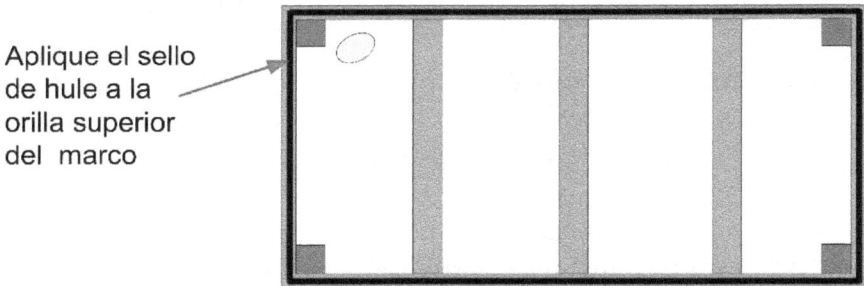

Aplique el sello de hule a la orilla superior del marco

Figura 23 - Selle el Perímetro del Marco

Instale el Montaje Zigzag dentro del Marco

1. Ponga el marco en posición vertical apoyándolo contra una pared.
2. Una vez que el montaje esté completamente seco, deslice con cuidado los tubos cortos de salida a través del agujero de salida en la parte trasera del marco.
3. Centre los soportes de tubo sobre los soportes de madera del marco.
4. Usando los tornillos para madera exterior, atornille los soportes de los tubos a los soportes del marco.

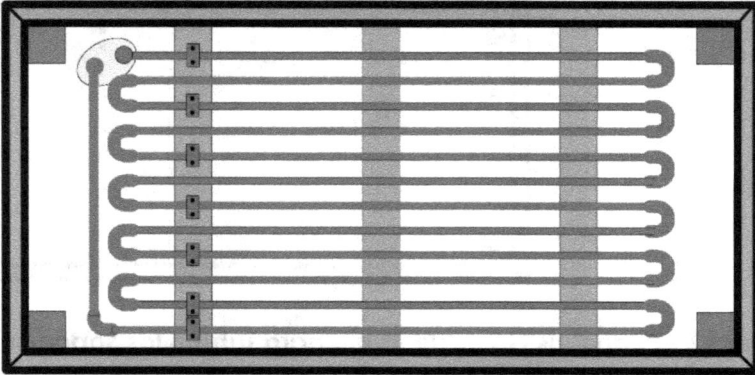

Figura 24 - Atornille el Montaje Zigzag a Guía de Roble para Tubo

Instale las Guías Superiores para Tubo

1. Corte dos piezas de madera de roble de 1" x 2" con una longitud de 31".
2. Coloque las maderas sobre el tubo en zigzag en las guías para tubo del centro y del lado derecho y marque la localización de los tubos que tocan a la madera.
3. Corte un agujero de 1" en el centro de la madera en cada marca.
4. Corte la parte inferior de las maderas hasta apenas llegar a los agujeros.
5. Con una sierra caladora, corte ranuras rectas dentro de los agujeros de tal manera que esta madera quede sobre los tubos en zigzag.
6. Taladre un agujero lo suficientemente grande entre estos agujeros de tal manera que los tornillos para madera exterior se deslicen a través de ellos.
7. Atornille las maderas sobre los tubos en zigzag.

Taladre agujeros de 1"

Corte la parte inferior

Use una sierra caladora para cortar las ranuras

Taladre agujeros entre todas las ranuras

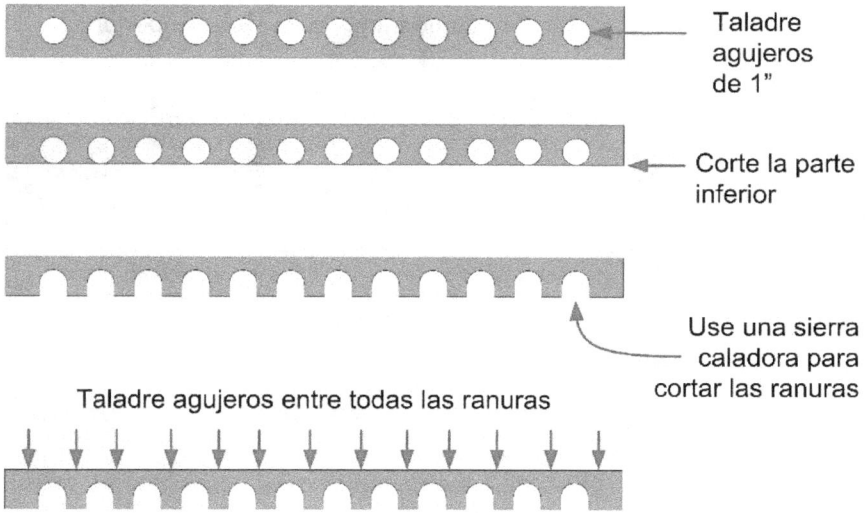

Figura 25 - Cortando las Guías de Roble Superiores para Tubo

Instale el Panel del Vidrio sobre el Marco

Se asume en estas instrucciones que usted está usando la puerta de vidrio deslizable de 6 pies de vidrio fijo con marco. Si está utilizando un panel de vidrio doble sin marco, debe de construir también un marco para el vidrio (que no se describe aquí) para que tenga la función de la puerta de patio de vidrio fijo.

1. Limpie ambos lados del vidrio con un limpiador para vidrios de buena calidad.
2. Con el marco todavía apoyado de manera vertical, ponga el panel de vidrio sobre el marco. Use la orilla larga del marco de vidrio para que quede encima de la parte superior del marco solar.
3. Corra el panel de vidrio de tal manera que el marco de vidrio esté alineado sobre el marco solar.
4. Utilice los tornillos para madera exterior para fijar el marco en su lugar. Atornille con cuidado a través del marco de vidrio de metal desde la lado superior y desde el frente del marco de vidrio.

Tornillos a lo Largo de la Orilla Superior

Panel Fijo de
Puerta de Patio
con Marco,
Vidrio Doble
(que no sea de
baja-E)

Tornillos Sobre la Cara del Frente

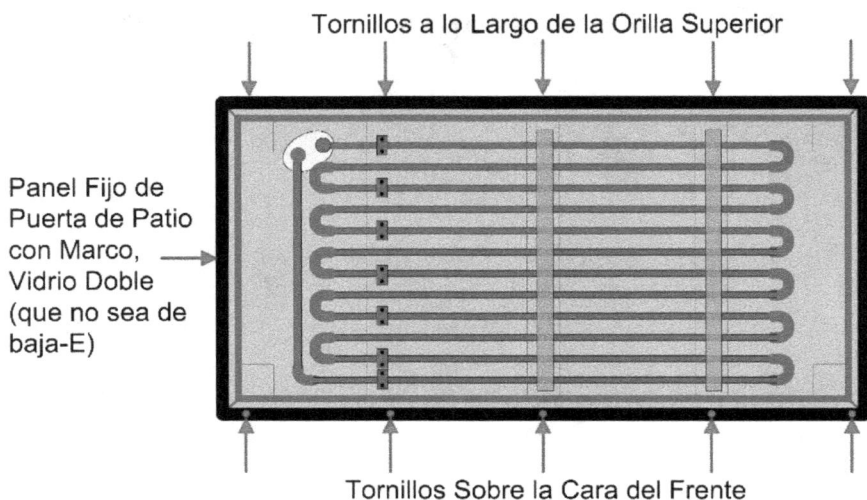

Figura 26 - Instale el Vidrio Doble Sobre el Marco

Seque el Montaje en Zigzag

1. Oriente el marco de tal manera que dé la cara hacia el sol de manera directa. Apoye el marco contra su casa o una cerca lo suficientemente fuerte para proteger los tubos de salida.
2. Cuide que no entre humedad adicional (lluvia, rocío, etc.) al montaje en zigzag mientras se esté secando cubriendo los tubos de salida pero sin bloquearlos completamente.
3. Deje que el sol caliente el agua remanente en el montaje zigzag y se seque completamente.

NOTA: Este proceso de secado puede tomar algunos días para que el montaje en zigzag quede completamente seco. Mientras se esté secando, puede ser que note en algún momento que algo de vapor sale de los tubos. Una vez que deje de salir vapor, continúe secando el montaje por un día completo adicional.

Resumen de la Parte 2

El segundo paso para instalar su colector solar para calentar agua es construir el panel del colector solar. Un marco de madera contiene los tubos de cobre pintados de negro instalados dentro con una trayectoria en zigzag para recolectar energía solar y transferir esta energía al intercambiador de calor que se instaló en el paso 1. El panel fijo de una puerta de vidrio doble para exteriores le proporciona una manera ecológica efectiva de reciclaje mientras baja a la vez su huella de carbón.

Para mantener el calor adentro del colector se necesitan dos tipos diferentes de aislamiento; la superficie reflectora del Aislamiento Térmico Foam con aluminio también calienta el lado de abajo del montaje en zigzag.

Es esencial extraer toda la humedad del interior de los tubos de cobre por medio del proceso de secado para prevenir el congelamiento de este montaje durante las largas noches frías de invierno.

Las guías para tubo dentro del colector permiten que el montaje en zigzag se contraiga y dilate sin deformar los tubos poniendo en peligro la integridad de las uniones soldadas.

Parte 3 – Construya el Marco de Apoyo

Por ahora ya ha usted instalado el intercambiador de calor en su calentador de agua y armado el marco del colector solar. Mientras se seca el agua en el montaje en zigzag, puede construir el marco de apoyo para apuntar permanentemente el colector al ángulo adecuado hacia el sol.

La sabiduría tradicional dice que hay que usar el mismo ángulo de la latitud en la que usted se encuentra para el ángulo de inclinación de su colector solar; yo no lo recomiendo. Los colectores solares trabajan mejor en el verano cuando la temperatura ambiente es más cercana a la temperatura deseada del agua. Desafortunadamente, en invierno hay menos horas de luz solar así que la cantidad de tiempo necesaria para calentar el agua en invierno también se ve reducida.

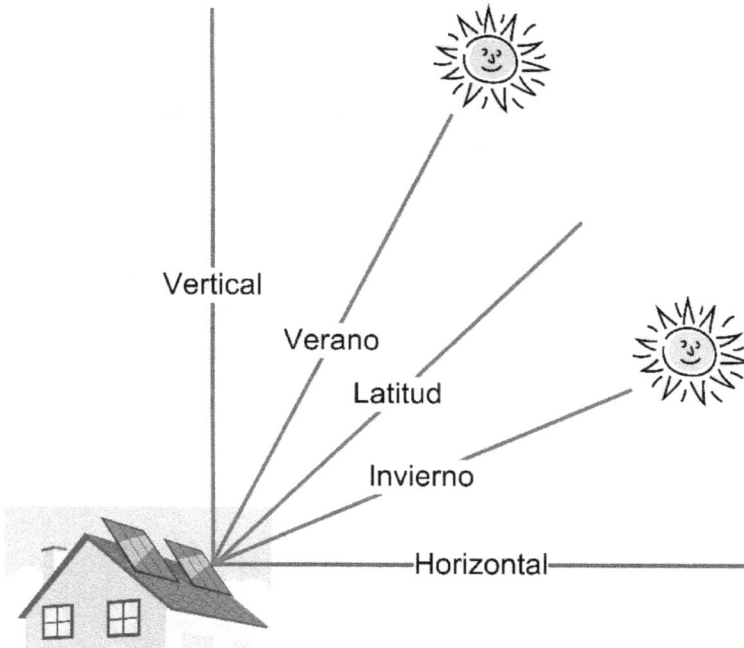

Figura 27 - Posición del Sol en Verano e Invierno

Le recomiendo utilizar una versión modificada de su latitud para reducir la eficiencia en verano y aumentar la eficiencia en invierno. Para hacerlo, simplemente multiplique su latitud por 1.3 para inclinar el colector ligeramente más hacia el sol en invierno. El ejemplo abajo muestra como determinar el ángulo adecuado para un rendimiento óptimo en invierno.

Lugar: Tampa Florida
La Latitud es de 28.3° N. o aproximadamente 28°
El ángulo de inclinación es la Latitud *1.3 o aproximadamente 37°

Así que en Tampa, usted inclinaría su colector solar cerca de 37 grados medidos con un nivel digital sobre la superficie de vidrio de su colector solar para obtener un rendimiento solar más alto en las semanas alrededor del 23 de Diciembre y un rendimiento solar más bajo en las semanas alrededor del 23 de Junio.

Determine su Latitud

1. Encuentre la latitud de su casa. Puede averiguar esto buscando la palabra "latitud" seguida de su ciudad en internet.
2. Multiplique el valor de su latitud por 1.3.
3. Redondeé este valor al número-par más cercano para saber su ángulo de inclinación. (El ángulo de inclinación es el número de grados que verá cuando coloque un medidor de nivel digital sobre la superficie de vidrio de su colector solar).

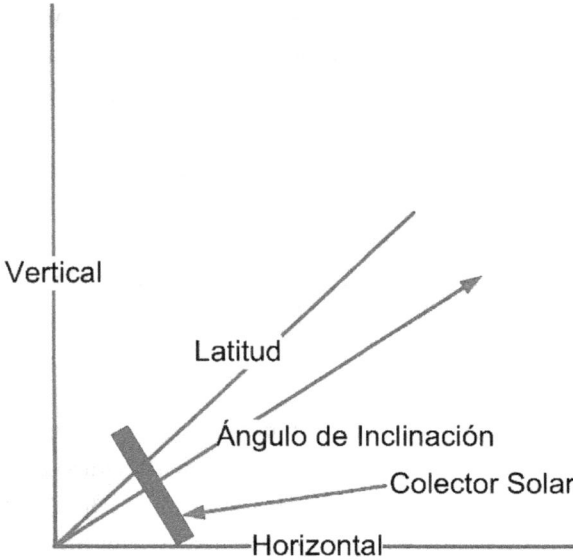

Figura 28 - Determine su Latitud y Ángulo de Inclinación

Anote estos números aquí:

LATITUD = _____ grados

ÁNGULO DE INCLINACIÓN = _____
grados

Longitud de Maderas de Apoyo

La tabla abajo asume que las dimensiones del marco del colector solar son 35.23" x 78.25". Use esta tabla para determinar la longitud de las maderas de apoyo para el marco de su colector solar. Note que en las dimensiones de estas maderas se toma en cuenta cualquier longitud extra necesaria para el traslape de las maderas. Las latitudes muy cercanas al ecuador podrían esencialmente tener un ángulo de cero grados de inclinación (donde las tablas A y C son casi iguales en longitud). Sin embargo, deberán tener al menos un ángulo de 5 grados para evitar que el agua se acumule encima del colector.

Latitud	Ángulo de Inclinación	Madera A	Madera B	Madera C	Madera D
0	5	9.0	38.7	8	75.25
2	5	9.0	38.7	8	75.25
4	5	9.0	38.7	8	75.25
6	8	10.1	38.6	8	75.25
8	10	11.1	38.5	8	75.25
10	13	12.1	38.4	8	75.25
12	16	13.1	38.2	8	75.25
14	18	14.1	38.0	8	75.25
16	21	15.1	37.8	8	75.25
18	23	16.1	37.6	8	75.25
20	26	17.0	37.3	8	75.25
22	29	18.0	37.0	8	75.25
24	31	19.0	36.7	8	75.25
26	34	35.6	24.1	8	75.25
28	36	36.2	23.3	8	75.25
30	39	36.7	22.4	8	75.25
32	42	37.3	21.6	8	75.25
34	44	37.8	20.7	8	75.25
36	47	38.3	19.8	8	75.25
38	49	38.7	18.9	8	75.25
40	52	39.2	17.9	8	75.25
42	55	39.6	17.0	8	75.25
44	57	39.9	16.1	8	75.25
46	60	40.3	15.1	8	75.25
48	62	40.6	14.1	8	75.25
50	65	40.9	13.2	8	75.25
52	68	41.2	12.2	8	75.25
54	70	41.4	11.2	8	75.25
56	73	41.6	10.2	8	75.25
58	75	41.8	9.2	8	75.25
60	78	41.9	8.2	8	75.25

Figura 29 - Tabla para la Longitud de las Maderas

Aunque los valores en la tabla de arriba son exactos, podrá redondearlos al cuarto de pulgada más cercano y así obtener todavía resultados aceptables.

1. Corte dos maderas con la longitud A.
2. Corte dos maderas con la longitud B.
3. Corte dos maderas con la longitud C.
4. Corte dos maderas con la longitud D.

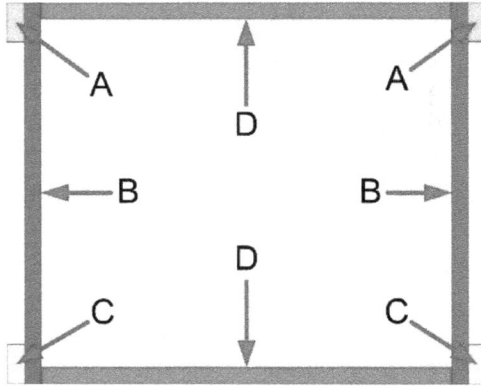

Figura 30 - Marco de Apoyo, Vista desde Arriba (no a escala)

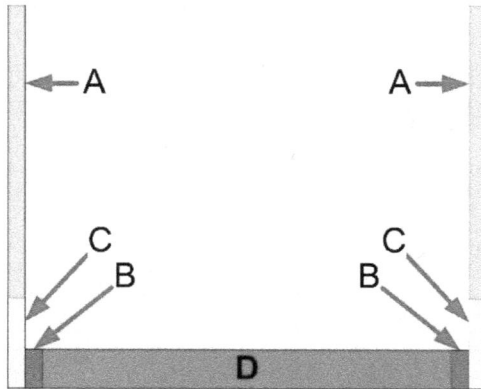

Figura 31 - Marco de Apoyo, Vista de Frente (no a escala)

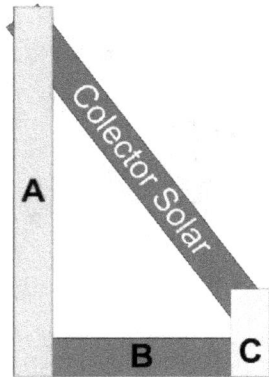

Figura 32 - Marco de Apoyo, Vista Lateral (no a escala)

Haga Ranuras a las Maderas

Corte una ranura de 1 ½" de alto y ¾" de fondo en un extremo de las piezas A y C.

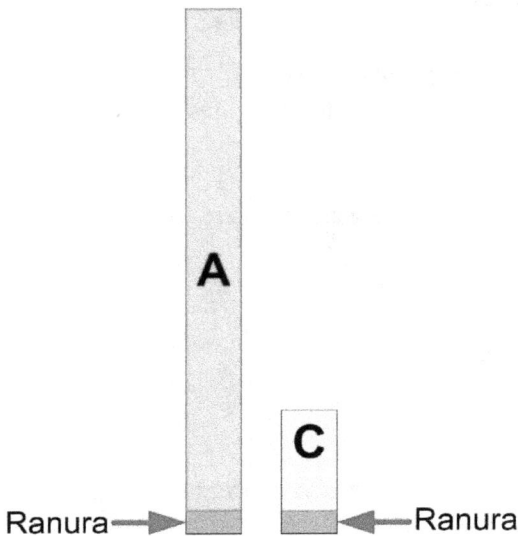

Figura 33 - Ranuras de las Maderas, Vista de Frente

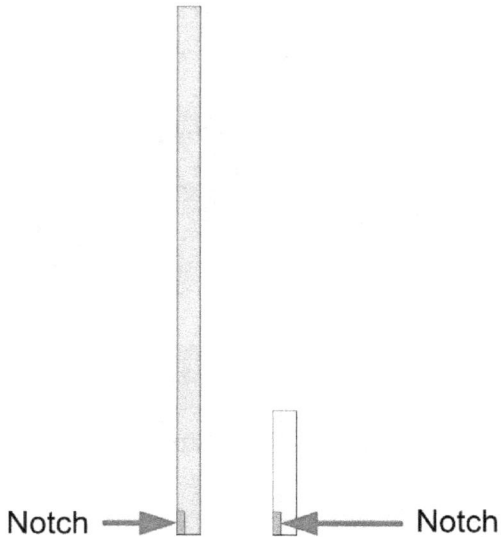

Figura 34 - Ranuras de las Maderas, Vista Lateral

Arme el Marco

1. Arme las piezas D y B.
2. Atornille por el lado (4 lugares) los tornillos para madera exterior de 3".

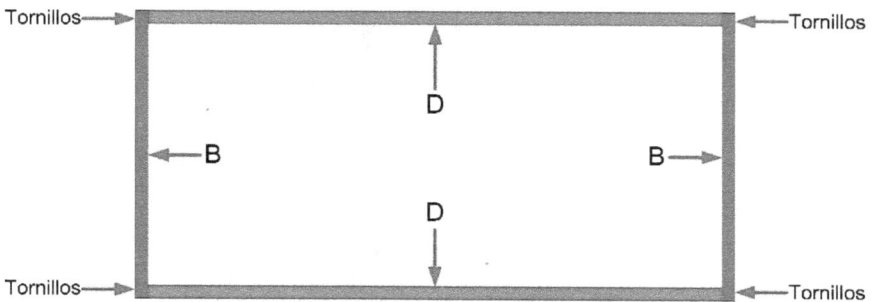

Figura 35 - Arme el Marco

3. Agregue las piezas A y C (lados con ranuras hacia abajo y hacia afuera).

4. Atornille por el lado (4 lugares) los tornillos para madera exterior de 3".

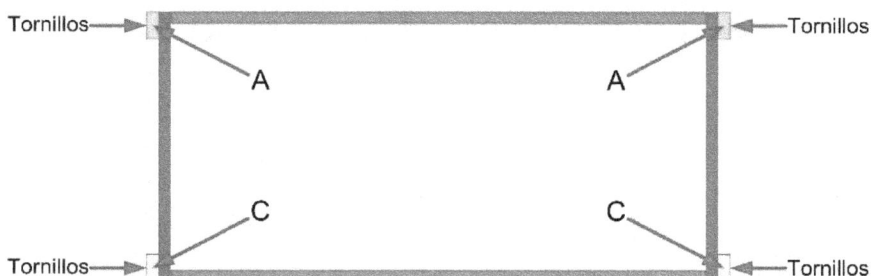

Figura 36 - Agregue los Apoyos del Marco

Arme la Base

Las bases utilizadas en estas instrucciones como las utilizadas típicamente en terrazas y escalones son del tipo de ranura en X preformadas. Las ranuras permiten acomodar maderas de 2" x 4" y 4" x 4" sin anclaje.

Nota: Puede ser que algunos lugares requieran Sonotubos rellenos de concreto de 24" de profundidad y 6" de diámetro con rebar y tornillos J. Siempre consulte con su departamento de Obras Públicas para asegurarse de tener unas bases diseñadas adecuadamente.

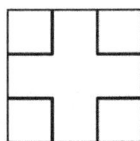

Vista desde Arriba

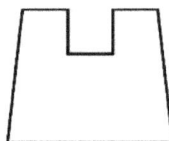

Vista Lateral

Figura 37 - Bases con Ranuras

Para fijar adecuadamente el marco del colector a la base, se debe de fijar un ancla en forma de L a esta base. Simplemente perfore un agujero de 3/8" en el centro de la base e inserte un tornillo de carruaje de3/8", arandela, y tuerca –todos para intemperie- para fijar el soporte en forma de L al centro de la base.

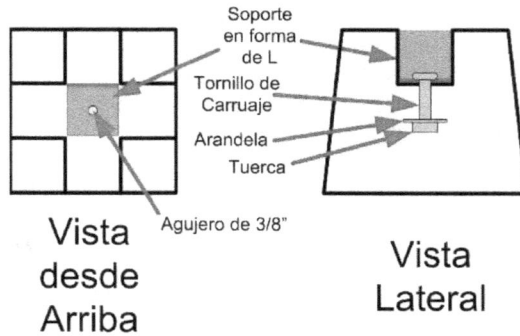

Figura 38 - Soporte de Anclaje en forma de L

Nivele el Sitio

1. El lugar para su colector deberá medir al menos 94" por 48".
2. Quite todo el pasto y la hierba de este lugar.
3. Nivele el suelo de todo el lugar.

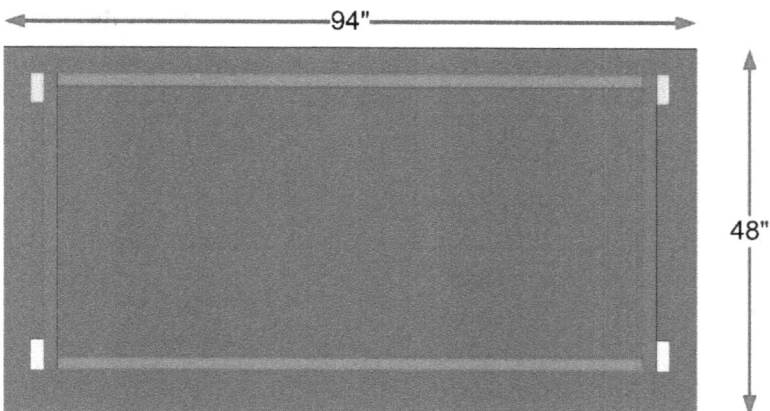

Figura 39 - Nivele el Área Alrededor del Sitio del Colector

Ponga la base

NOTA: Las bases descritas abajo son solo uno de los ejemplos posibles. Los requerimientos de las bases varían ampliamente según la localización (profundidad de línea de escarcha, condiciones de viento, etc.) Consulte con su departamento local de Obras Públicas para asegurar el cumplimiento de los pre-requisitos regulatorios.

1. Coloque el marco sobre el sitio ya limpio y nivelado.
2. Alinee el marco en el sitio.
3. Marque las esquinas donde las ranuras tocan el suelo usando estacas de madera e hilo.

Figura 40 - Marque la Posición para las Bases

4. Quite el hilo de las estacas.
5. Quite el marco con cuidado sin afectar las estacas.
6. Vuelva a poner el hilo a las estacas.
7. Excave el suelo poniendo las esquinas de las bases en las posiciones del hilo con los soportes en forma de L con la cara hacia afuera (contra el lado corto).

8. Nivele las bases del frente a la parte de atrás y de lado a lado.
9. Presente el marco encima de las bases
10. Ajuste si es necesario.
11. Rellene de tierra alrededor de las bases en el suelo.
12. Ponga el marco sobre las bases.

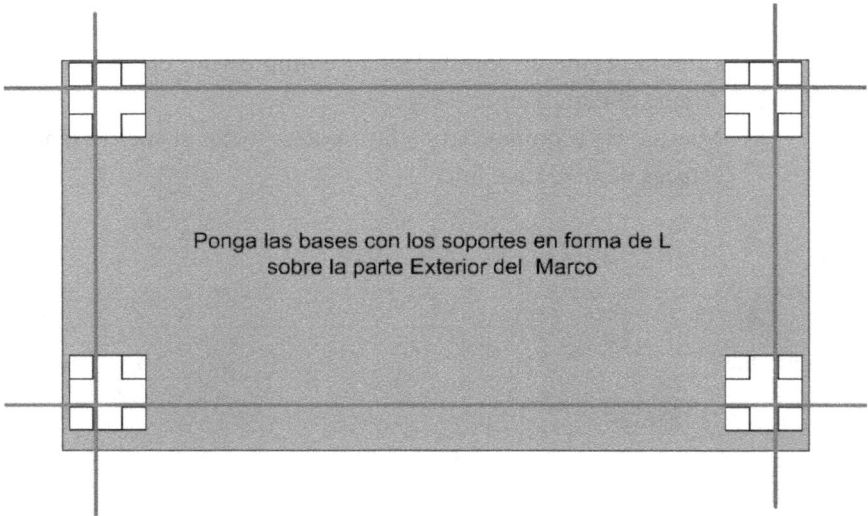

Ponga las bases con los soportes en forma de L
sobre la parte Exterior del Marco

Figura 41 - Verifique la localización de las bases

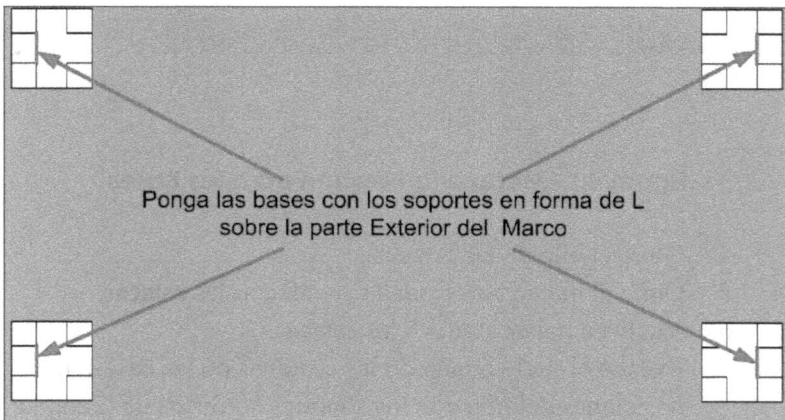

Ponga las bases con los soportes en forma de L
sobre la parte Exterior del Marco

Figura 42 - Asegúrese de que los Soportes estén hacia Afuera

Ponga el Marco

1. Quite el hilo y las estacas.
2. Ponga el marco sobre las bases.
3. Asegúrese de que todo el marco esté sentado uniformemente sobre las bases y que esté adecuadamente nivelado.
4. Perfore agujeros de ¼" a través de los agujeros de los soportes en forma de L dentro del marco.
5. Atornille los soportes en forma de L al marco.

Figura 43 - Ponga el Marco sobre las Bases

Ponga el Colector

1. Perfore agujeros de ½" a través de la parte superior de las maderas verticales A y C para los tornillos de cabeza hexagonal (ambos lados).
2. Ponga temporalmente el colector en su lugar sobre el marco. Utilice clavos para mantenerlo en posición para el siguiente paso.
3. Perfore agujeros piloto de ¼" en el marco del colector (usando los agujeros de las maderas A y C como guías) para los tornillos de cabeza hexagonal de manera que no se separe la madera del marco del colector.
4. Fije el marco del colector a las maderas A y C con los tornillos de cabeza hexagonal.

5. Quite los clavos que usó para fijar temporalmente el marco del colector.

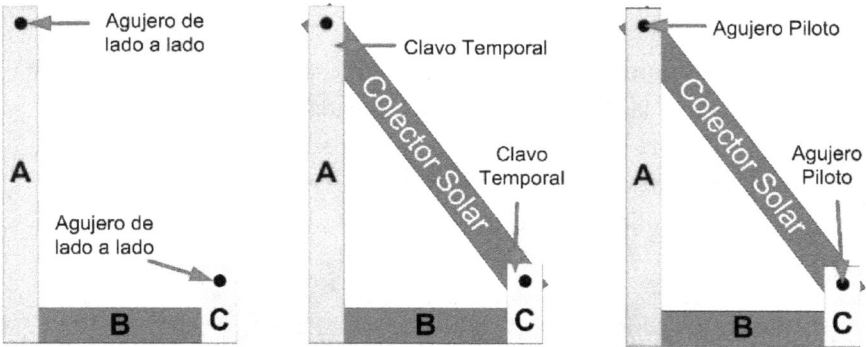

Figura 44 - Monte el Colector sobre el Marco

Instale Cubierta Decorativa a Nivel del Suelo

Ponga rocas o piedras decorativas enfrente del marco para evitar que salpique lodo sobre él cuando llueve. No permita que crezcan plantas, hierbas o pasto alto enfrente de su marco.

Resumen Parte 3

Tener el ángulo adecuado de su colector solar hacia el sol significa inclinarlo ligeramente más hacia el horizonte con respecto a su latitud. Al hacerlo aumenta la eficiencia durante el invierno y la disminuye en el verano.

Es esencial instalar el marco sobre bases firmes para asegurar un servicio largo y confiable. Para mayor facilidad de mantenimiento o ajustar el colector según sea necesario, hay que fijar el colector al marco con tornillos de cabeza hexagonal.

Parte 4 – Conecte el Colector

El fluido utilizado en el colector es anticongelante automotriz (glicol etileno). También puede usar aceite de cacahuate o maní pero se requiere que use líneas de metal en lugar de utilizar mangueras de hule flexibles. Sin importar cuál de los dos fluidos escoja, ambos funcionarán bien y no se congelarán.

En esta parte, usted llevará las líneas de conexión desde el intercambiador de calor hasta el colector asegurándose que estas líneas corran gradualmente en dirección ascendente desde el colector hasta el intercambiador de calor.

Conecte el Tanque de Expansión

1. Coloque el tanque de expansión cerca del intercambiador de calor.
2. Únalo a un soporte con tiras sujetadoras para tubo.
3. Fabrique una línea de ¾" hacia la conexión roscada superior del intercambiador de calor.
4. Conecte un adaptador roscado al final de la línea fabricada según se muestra a la derecha.

NOTA: El tanque de expansión está en el lado que se conecta al colector solar, no se conecta del lado del calentador de agua.

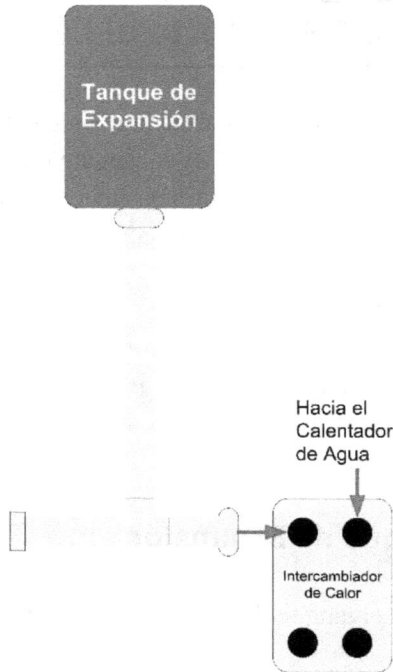

Figura 45 - Agregue el Tanque de Expansión a la tubería del lado del Colector Solar

Conecte las Líneas al Intercambiador de Calor

NOTA: Si no pudo colocar su colector solar debajo del nivel de su calentador de agua, vea Apéndice A para los pasos adicionales requeridos en este punto.

1. Conecte dos mangueras metálicas flexibles de ¾" a los dos tubos de salida roscados de ¾" del colector solar.
2. Conecte dos mangueras metálicas flexibles de ¾" a las dos conexiones roscadas de ¾" no utilizadas en el intercambiador de calor.
3. Empezando por el intercambiador de calor, fabrique dos líneas de cobre de ¾" dirigiendo estas líneas hacia el colector solar por la ruta más corta y directa como sea

posible. No suelde estas líneas hasta que termine de fabricar la ruta completa.

4. Monte las líneas lejos de las paredes utilizando bloques de madera de 2" x 4" para separarlas de paredes, pisos y techos.

5. Conecte la línea de SALIDA CALIENTE del colector solar a la conexión roscada superior en el intercambiador de calor.

6. Conecte la línea de ENTRADA FRIA del colector solar a la conexión roscada inferior en el intercambiador de calor.

7. Una vez que todas las líneas estén fabricadas, desarme unas cuantas piezas a la vez, lije, aplique fundente, y suéldelas asegurándose de que se mantengan los ángulos adecuados.

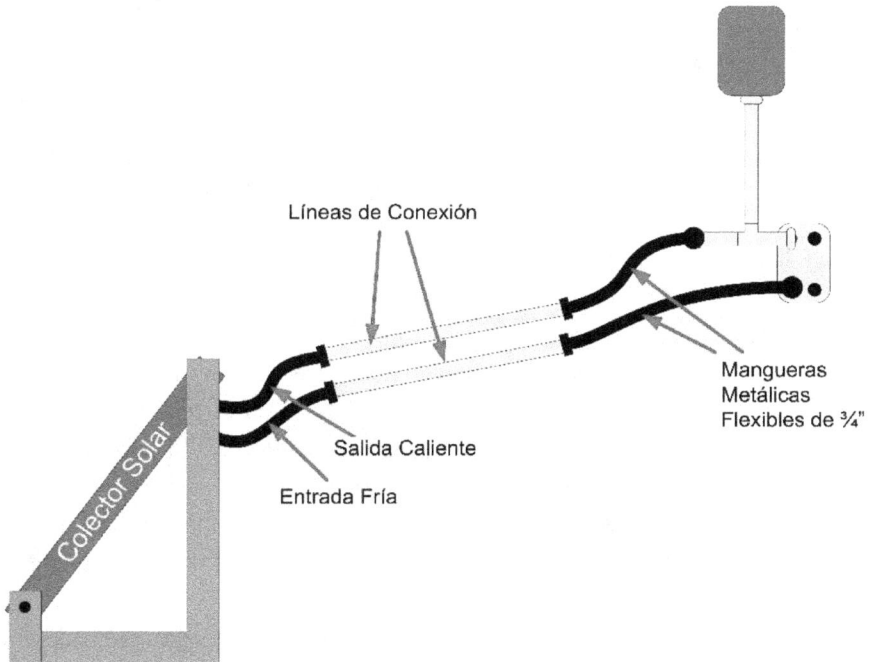

Figura 46 - Conecte el Colector Solar al Intercambiador de Calor y Tanque de Expansión

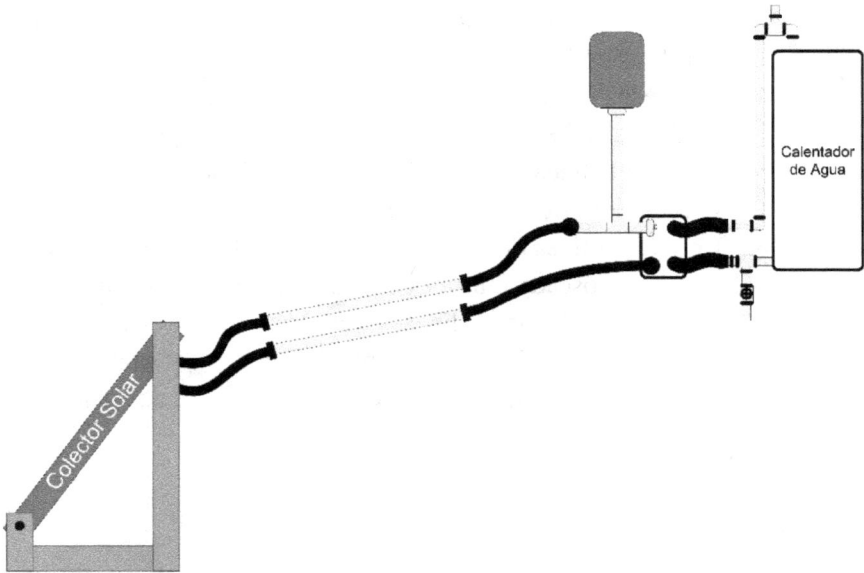

Figura 47 - Montaje Completo

Cargue el Sistema

1. Quite el tanque de expansión.
2. Llene lentamente, -a través del agujero de montaje-, la línea con el fluido tratando de evitar introducir aire dentro del sistema mientras lleva a cabo esta operación. Si permite que entre mucho de aire, le tomará más tiempo sacarlo más adelante en el proceso. Deberá tomarle de dos a tres galones de fluido para llenar completamente el sistema, dependiendo de la longitud de sus líneas.
3. Llene el sistema a un nivel hasta cerca de dos pulgadas de la entrada superior teniendo cuidado de no llenar de más. Debe haber algo de aire en la entrada superior de este tubo para permitir la operación adecuada del tanque de expansión.
4. Vuelva a poner al tanque de expansión en su lugar.
5. Espere un día completo.
6. Revise que no haya fugas en las líneas entre el intercambiador de calor y el colector solar. Si hay fugas, deberá drenar el fluido de estas líneas y repararlas según sea

necesario. No necesitará drenar el montaje en zigzag en el colector solar (a menos que las fugas estén ahí).

7. Antes de que salga el sol al día siguiente (esto es, cuando el sistema se haya enfriado al menos a la temperatura de la mañana anterior), quite el tanque de expansión y llene la línea otra vez a dos pulgadas de la entrada superior (como se hizo con anterioridad).

8. Vuelva a poner el tanque de expansión.

9. Espere un día completo.

10. Repita la prueba de revisión de nivel hasta que se estabilice el nivel del fluido.

Aplique Aislamiento a las Líneas

1. Una vez que esté seguro de que ya no hay fugas, envuelva todas las líneas y conexiones con el aislamiento Reflectix.

2. Envuelva con al menos dos capas de aislamiento a todas las líneas de la casa.

3. Envuelva con una capa de aislamiento adicional a las líneas exteriores entre la casa y el colector solar.

4. Selle cualquier agujero en la casa con espuma expandida

Resumen Parte 4

El llenado de las líneas del colector con un fluido a base de glicol etileno proporciona una manera eficiente y segura para transferir el calor del colector solar al intercambiador de calor. Revise varias veces que no haya fugas durante los procesos de llenado y carga. Asegúrese de que haya al menos dos pulgadas de aire en el tubo de llenado superior para que se pueda mantener una operación adecuada del tanque de expansión. Una vez que esté seguro de que no hay fugas, aplique al menos dos capas de aislamiento Reflectix en todos los tubos interiores y al menos tres capas sobre los tubos exteriores. Revise el nivel del fluido al menos una vez al mes por las mañanas (que es cuando la temperatura es más baja) siempre permitiendo que haya al menos dos pulgadas de aire en el tubo de llenado.

Puede ser que le tome algo de tiempo para que salga todo el aire de su colector solar dependiendo de que tanto aire haya quedado atrapado y disuelto en el fluido cuando lo agregó. Recuerde que este fluido se expandirá muy rápidamente una vez que el sol le pegue al colector. No revise el nivel del fluido cuando el sol le esté pegando al colector o cuando el sistema esté muy caliente.

> ⚠ ADVERTENCIA: Después de instalar este colector solar para agua caliente en el sistema de agua caliente de su casa, la temperatura del agua en su calentador variará ampliamente dependiendo de que tanto sol haya disponible cada día. Como resultado, la temperatura del agua en su calentador solar no será constante.
>
> Bajo ciertas circunstancias es posible de que se alcancen temperaturas muy altas dentro de su calentador de agua que pueden causar quemaduras.
>
> Para prevenir quemaduras siempre asegúrese de hacer una mezcla adecuada con agua fría antes de entrar a la regadera, darse un baño, lavar o exponer la piel al agua caliente.

NOTA: Si su colector es demasiado eficiente y le calienta demasiado el agua, cubra parte de él con una lona o un tablón de madera.

Apéndice A – Lista de Partes

La siguiente es una lista de las partes disponibles a través de sus tiendas Lowe´s. Los precios cotizados son de una tienda Lowe´s en Florida central (impuestos no incluidos) fecha 5 de Abril de 2009; sus precios reales de compra pueden variar. No se listan accesorios pequeños (tornillos, arandelas, tuercas, etc.). Si su calentador de agua está a una distancia mayor de su colector solar, se necesitarán partes adicionales tales como tubo de cobre de ¾", adaptadores y otras partes misceláneas (vea también el Apéndice C para los problemas que pudiera tener con el efecto termo-sifón). Le recomiendo que busque una puerta de patio doble (con vidrio templado que no sea de baja Emisión) poniendo un anuncio en los avisos clasificados de su localidad.

Cant	Descripción	No. UPC	N/P	Costo
1	Puerta para patio fija de doble vidrio de 6 pies con marco **Vidrio no deberá ser de baja-E**	121966		$220.00
1	Rollo de aislamiento Reflectix de 48" ancho	0716511340015	13358	$49.83
1	Rollo de aluminio para Aire Acondicionado de 2 ½" ancho	0040074021792	237724	$15.98
12	Tramos tubo de cobre Tipo M de ½" x 10pies	0720128020093	23791	$119.40
12	Codos de tubo cobre ¾"(M-H)	0039923314086	21627	$23.40
2	Paquete de 10 codos tubo cobre ¾"(H-H)	0039923001832	11298	$17.84
4	Adaptador roscado macho para tubo cobre ¾"	0039923037428	21850	$13.48
1	Rollo cinta de Teflón	0046224255000	25010	$0.97

Cant	Descripción	No. UPC	N/P	Costo
	1/2" x 520"			
1	Tanque de expansión de 2 galones	0000013445272	160654	$49.00
4	Manguera para boiler metálica Hembra de ¾"x20"	0048643050105	25205	$35.52
2	Tablas de madera tratada de 5/4" x 6" x 8 pies	0717063556800	21210	$9.94
2	Aislamiento Térmico Foam 4 pies x 8 pies x ½" con aluminio	0719968210016	15328	$23.48
1	Triplay de madera tratada de 4 pies x 8 pies x ½"	0717063202769	202760	$24.97
3	Madera tratada de 2" x 2" x 8 pies	0090489021702	204231	$5.94
2	Lata pintura negra de alta temperatura en aerosol	0020066163563	303288	$20.31
1	Pegamento para madera para exteriores	0051527949105	100575	$4.64
1	Caja tornillos acero inoxidable para madera de 2 ½"	0764666528499	18284	$25.64
1	Tubo de sellador Micro Rain Gutter	0028756993056	224065	$4.97
1	Lata de aislamiento de espuma expandida	0074985000119	13617	$3.48
1	Rollo de ¼"x 1/2" de ancho x 26 pies de sello hule-espuma auto-adhesivo	0043374022797	66674	$3.14
4	Madera tratada 2" x 4" x 8 pies	0090489016760	46905	$11.88
4	Base de concreto, Handi Block	0890248002009	53770	$35.92
4	Soporte exterior en "L"	0044315044823	63162	$8.92

Cant	Descripción	No. UPC	N/P	Costo
4	Tornillo cabeza hexagonal para exteriores de 3/8" x 3"	0008236085259	63357	$2.00
1	Lata Acetona	0023857724417	206558	$6.98
2	Kits soldadura de plata	0716447924938	98978	$38.96
1	Paquete 25 piezas tiras acero inoxidable en "U" con 2 agujeros de ¾"	0039923002679	301311	$12.65
1	Intercambiador de calor acero inoxidable (mínimo de 30 placas)	eBay®	eBay	$88.00
				$657.24

Total con puerta usada de $10: $447.44

Total con puerta nueva de $220: $657.24

Figura 48 - Lista de Partes

Apéndice B – Opción de Temporizador

Para mejorar aún más la eficiencia de su nuevo sistema de colector solar para calentar agua, puede agregarle un temporizador a un calentador eléctrico de agua que energice los elementos calefactores normales únicamente a ciertas horas del día. Estos temporizadores están disponibles a la venta y solo deberán ser instalados por electricistas certificados.

Figura 49 - Temporizadores WH40 y EH40 marca Intermatic® para Calentadores de Agua de 240V

Cuando utilice un temporizador como el mencionado junto con el colector solar, le sugiero encender el elemento calefactor por dos horas justo después de que el sol ya no contribuya al calentamiento del agua. Esto le asegura tener agua caliente en días sin sol a la temperatura mínima que ya disfruta con su sistema normal.

Por ejemplo, si el sol sobre el colector ya no contribuye al calentamiento del agua a las 2:00 P.M., programe este temporizador para que encienda su calentador a las 2:30 P.M. y lo apague a las 4:30 P.M.

Recuerde que cuando utilice la opción de agua caliente en un sistema con temporizador, el agua en el calentador siempre se calienta a su temperatura normal a la hora en que el temporizador apague al calentador (en nuestro caso, 4:30 P.M.). Después de esta hora, el calor almacenado en el calentador de agua se disipa lentamente de acuerdo a que tan bien aislado esté su calentador de agua. El agua dentro del calentador de agua se recalienta al día siguiente cuando el sol vuelva a contribuir al calentamiento del agua. Puede ser que necesite implementar algunos cambios en sus hábitos de consumo de agua caliente para asegurar la disponibilidad del agua más caliente. El alto consumo temprano en las mañanas puede cambiarlo al final de la tarde de manera que asegure la disponibilidad de agua caliente. Puede ser que necesite escalonar los horarios para el lavado de ropa, baños con regadera, etc. según la disponibilidad del agua caliente almacenada en su calentador de agua.

Si no puede evitarse el alto consumo en las mañanas, programe el temporizador para encender y apagar el calentador brevemente temprano en la mañana (digamos 3:00 – 3:30 A.M.).

Apéndice C – Bombas de circulación

Puede haber veces en que el efecto termo-sifón entre el panel colector y el calentador de agua no funcione. Es más económico probar primero su sistema usando el efecto termo-sifón pero tenga en mente usar una bomba de circulación si es necesario. De esta manera, no habrá hecho un gasto innecesario si los resultados son favorecedores. Pero cuando el calor absorbido no se transfiera al calentador de agua por medio del efecto termo-sifón, una bomba de circulación de baja potencia puede ayudar al flujo del fluido.

Una solución elegante para un termo-sifón inadecuado es usar un panel fotovoltaico de 12Volts como fuente de alimentación y dos bombas de circulación pequeñas de 12Volts. De esta manera, las bombas funcionarán únicamente cuando haya luz solar adecuada y se apagarán automáticamente durante los días nublados y las noches. Cuando no haya suficiente luz solar para generar electricidad, tampoco habrá suficiente luz solar para calentar el agua así que el sistema relativamente se regula a sí mismo por medio de la posición del panel solar.

Importante: Asegúrese de que se cumplan todos los códigos eléctricos de bajo voltaje, permisos de construcción, e inspecciones por la autoridad local en la instalación de su panel solar y bomba de circulación.

Bomba de Circulación en la línea de Aceite/Anti-Congelante

Una bomba de circulación de fluido en línea alimentada por energía solar ayuda a mover el aceite caliente o anti-congelante desde su colector solar hasta el intercambiador de calor. Debido a que el fluido en el colector puede estar potencialmente muy caliente, las bombas de fluido normales probablemente no funcionarán por sus limitadas temperaturas de operación (verifique el rango de temperaturas de operación antes de comprar cualquier bomba). Para estas condiciones, use una bomba recuperadora de aceite movida por engranes del tipo automotriz. Una bomba eléctrica recuperadora de aceite de 12V (tal como aquellas utilizadas para mover aceite caliente en motocicletas turbo-cargadas) la puede encontrar en GK Wholesale, 5 Malplecrest Lane, Colts Neck, NJ 07722 (vea **http://myworld.ebay.com/ebaymotors/gkwholesale/?_trksid=p4340.l 2559**)

Figura 50 - Bomba de Circulación de Fluido de Alta-Temperatura, Baja Potencia

Bomba de Circulación en la línea de Agua

Una bomba de circulación en la línea de agua-caliente alimentada por energía solar ayuda a circular el calor recolectado desde su intercambiador de calor hacia el calentador de agua. Debido a que la temperatura en el intercambiador de calor puede ser potencialmente muy caliente, las bombas de agua normales probablemente no funcionarán por su rango limitado de temperaturas (verifique el rango de las temperaturas de operación antes de comprar su bomba). Para estas condiciones un buen tipo de bomba sería una bomba de circulación de agua para calefacción con agua caliente pero la mayoría no son lo suficientemente eficientes para funcionar desde un panel solar fotovoltaico. La bomba eléctrica de 12V de circulación de agua caliente de alta eficiencia marca EL-SID fabricada por Ivan Labs, 305 Circle W, Jupiter, FL 33458 se encuentra disponible a través de muchos vendedores en línea (haga una búsqueda en línea por "El Sid Pump").

Figura 51 - Bomba de Circulación de Agua de Alta-Temperatura, y Baja-Potencia

Panel Solar Fotovoltaico

Un panel solar fotovoltaico de 12V le puede generar electricidad gratis para alimentar a sus bombas. La capacidad de salida del panel depende completamente de las bombas que usted elija. El uso de las bombas recomendadas arriba requiere de un panel fotovoltaico de 12V con una potencia de salida de 55-85 Watts (para un mayor tiempo de operación necesita el panel más grande de 85Watts). Puede encontrar paneles solares de buena calidad a un costo razonable en UL Solar, 3805 S. Jones Blvd., Las Vegas, NV 89146 (vea http://www.ul-solar.com/). **El número de catálogo para el modelo de 55 Watts es STP055P y para el modelo de 85Watts es STP085P.**

Figura 52 - Panel Solar de 12V Típico

Instalación

Instale las bombas en serie con las líneas de fluido frío (ver Figura 53 y Figura 54). Para la bomba de fluido, necesitará agregar una manguera corta metálica flexible de ¾" adicional entre la bomba y el colector solar (Si utiliza aceite de cacahuate o maní en vez de anti-congelante, necesitará fabricar otra línea de metal).

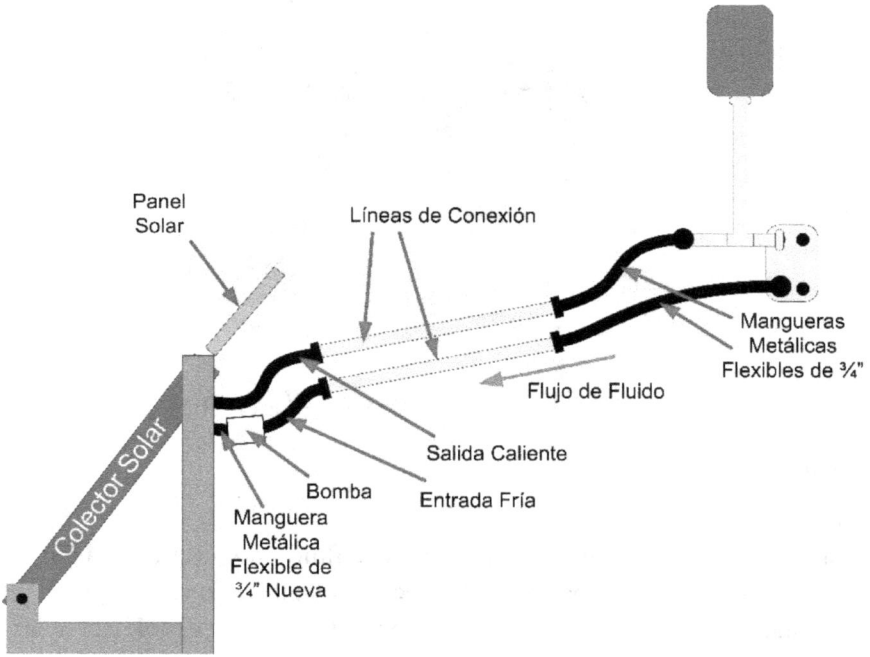

Figura 53 - Bomba de Circulación de Fluido En Línea

En el calentador de agua, instale la bomba en el lado de agua fría. Necesitará agregar una manguera corta metálica flexible de ¾" adicional entre la bomba y el calentador de agua.

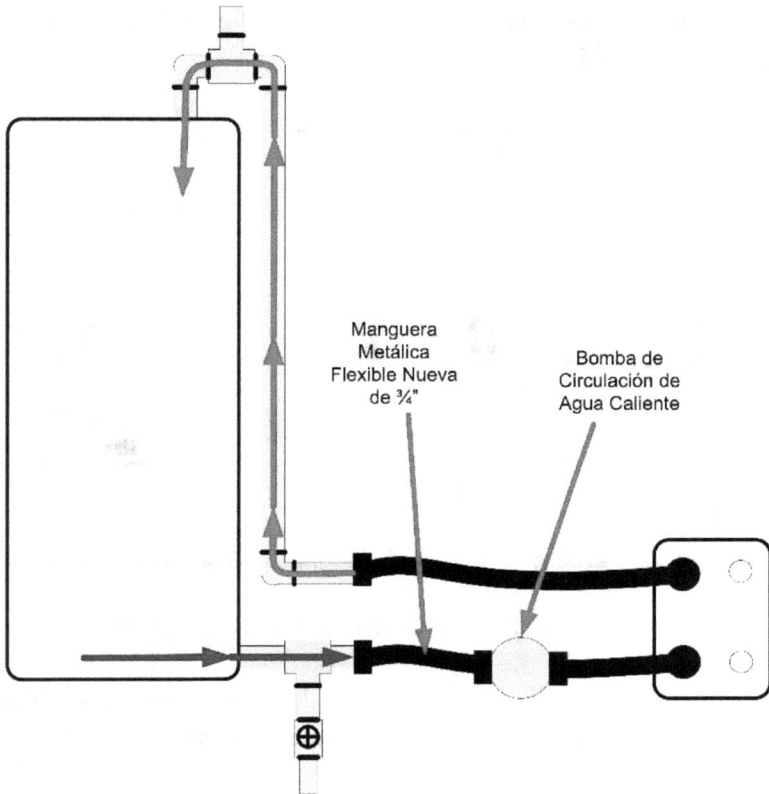

Figura 54 - Bomba de Circulación En la Línea de Agua

Monte esta bomba de tal manera que en el evento de que haya una fuga de agua la bomba no quede sumergida o se moje.

Fabrique una montura sólida donde pueda quedar sentada cada bomba e instale una a la parte trasera del colector solar e instale la otra en algún lugar convenientemente cerca del intercambiador de calor.

Conecte los cables para intemperie desde las dos bombas directamente al panel solar (+ a + y − a −). Lleve los cables desde la bomba del calentador de agua hasta el panel solar a lo largo de la misma ruta que siguen las tuberías de conexión. Es una buena idea instalar capacitores electrolíticos de 2,200 micro Faradios a 50V (disponibles en Radio Shack) cerca de cada bomba de circulación para ayudar a estabilizar el voltaje. Conecte la terminal + del capacitor al cable + y la terminal – al cable – (ver Figura 55).

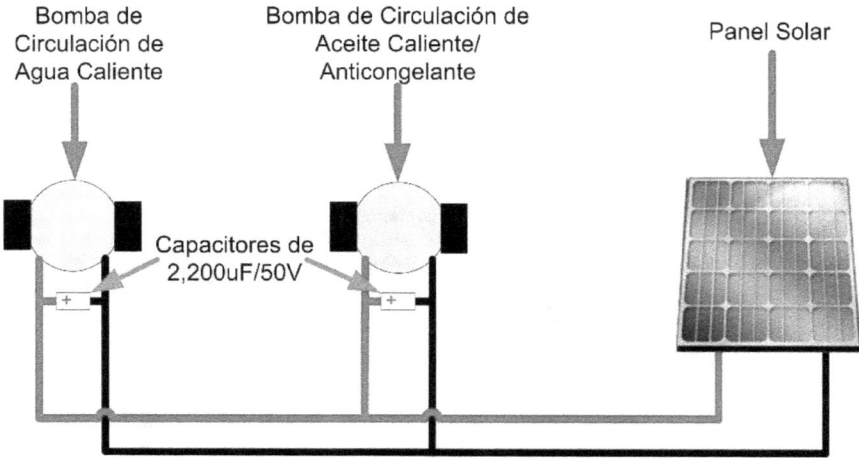

Figura 55 - Agregue Capacitores a las Bombas

Coloque el panel solar de manera que deje de producir electricidad una vez que el sol se mueva a una posición donde el colector ya no absorba calor.

Figura 56 – Sistema con Panel Fotovoltaico

Puede encontrar un kit de montaje para poste opcional disponible en UL Solar, 3805 S. Jones Blvd., Las Vegas, NV 89146 (vea **http://www.ul-solar.com/**).

Figura 57 - Ejemplo de Poste de Montaje

Apéndice D – Solución de Problemas

Como sucede con todos los diseños hechos por el hombre, algunas veces ni aún el mejor de sus planes puede anticiparse a cada posible obstáculo o problema. Por consiguiente, usted no estará solo en tales situaciones; la historia reciente ha documentado un gran número de enormes errores cometidos por las mentes más brillantes (y mejor pagadas) sobre la faz de la tierra. Probablemente ya sea usted miembro de este selecto grupo. Alexandre Pope lo resumió muy bien en su cita famosa: *Errar es humano....* Y todavía me falta conocer a alguien que no sea humano.

Además de limpiar regularmente y ajustar vidrios, su colector solar no deberá requerir mantenimiento continuo (el mío ha estado en funcionamiento por poco más de 5 años sin el más mínimo problema). Sin embargo, el sol es brutalmente implacable y después de cierto tiempo puede hacer que la pintura del colector empiece a perder su color natural, puede causar fugas en los sellos del aislamiento en el panel de vidrio doble, también puede causar fugas en las conexiones soldadas, y provocar ámpulas en el aislamiento reflectivo en el interior del colector. Si ha pintado el exterior de la caja de su colector, verifique cada año cualquier daño en la pintura y vuelva a pintar o reparar según sea necesario. Revise que su sistema no tenga fugas al menos una vez al mes (hágalo a diario como mínimo justo después de haberlo instalado por primera vez) y siempre haga mantenimiento a su sistema para asegurar el máximo rendimiento.

El problema principal que enfrentará será la acumulación de sedimento en el fondo de su calentador de agua. El sedimento proviene de una variedad de lugares como lo es, tierra en la línea de suministro de agua, minerales donde el agua es dura, el deterioro normal de las paredes internas de su calentador de agua. Si tiene un calentador de agua eléctrico como sistema de respaldo/almacenamiento, la degradación normal del elemento calefactor también puede dar como resultado que haya sedimento en el fondo del tanque. Sin importar la fuente del sedimento, éste se puede acumular y a la larga bloqueará la circulación a través del circuito del intercambiador de calor. El mantenimiento normal de cualquier calentador de agua consiste en enjuagar y lavar con un chorro de agua el sedimento del fondo del tanque al menos una vez al año. El mantenimiento normal en los calentadores de agua eléctricos también incluye revisar y reemplazar rutinariamente el ánodo de sacrificio. Para más información sobre el mantenimiento recomendado para la marca particular de su calentador de agua, busque en el sitio web del fabricante y siempre siga sus recomendaciones de mantenimiento.

Como mínimo, se recomienda lavar una vez al año al intercambiador de calor con un chorro de agua en contra del sentido del flujo normal de operación debido a que este mismo sedimento que se acumula dentro del calentador de agua puede también migrar dentro del intercambiador y tapar este circuito. Si no puede liberar el sedimento u obstrucciones internas del intercambiador de calor, lo más probable es que tenga que reemplazarlo.

Abajo se describen los problemas más comunes junto con las soluciones típicas para un sistema solar para calentar agua.

Síntoma	Causa	Soluciones
Se está colgando el Aislamiento dentro del colector	Pobre soporte del aislamiento	Vuelva a unir el aislamiento con soportes adicionales
	Acumulación de calor en el colector	Instale una bomba de circulación para ayudar a disipar el calor más rápidamente (vea **Apéndice C**)
Agua dentro del fondo del colector	Fuga	Revise los sellos en el panel de vidrio. Revise las uniones de las capas de aislamiento en las esquinas de la caja y el triplay del fondo.

Síntoma	Causa	Soluciones
Empañamiento dentro del colector	Fuga	Revise los sellos en el panel de vidrio. Revise las uniones de las capas de aislamiento en las esquinas de la caja y el triplay del fondo.
Aceite/Anti-congelante dentro del colector	Unión soldada en mal estado	Drene y haga prueba de presión en el montaje zigzag. Localice la fuga y vuelva a soldar la unión. Haga prueba de presión. Deje que el montaje zigzag se seque completamente antes de volver a llenarlo (saque toda la humedad de las líneas).
Olores en el colector o los tubos	Adaptador con fuga	Revise que no haya empaques o conexiones de adaptadores en mal estado. Apriete adecuadamente todas las conexiones de adaptadores (no apriete demasiado para que no deforme los empaques).
	Unión soldada en mal estado	Drene y haga prueba de presión en el montaje zigzag. Localice la fuga y vuelva a soldar la unión. Haga prueba de presión. Deje que el montaje zigzag se seque completamente antes de volver a llenarlo (saque toda la humedad de las líneas).
El agua está muy caliente pero solamente por algunos minutos.	Efecto de termo-sifón inadecuado	Instale bombas a su sistema (vea Apéndice C)

Síntoma	Causa	Soluciones
Los tubos del colector se ponen extremadamente calientes	Efecto de termo-sifón inadecuado	Instale bombas a su sistema (vea Apéndice C)
El sistema solía funcionar bien pero ha caído la salida de agua caliente o se ha detenido totalmente	Cambio del estado del tiempo	Suplemente calor con un temporizador (vea Apéndice B)
	Vidrio sucio	Limpie el vidrio
	El colector está cubierto por sombras durante la hora de máxima radiación solar	Corte las ramas que obstruyen el sol para que se tenga una mayor exposición solar sobre el colector.
	Bajo nivel de fluido en el colector	Las burbujas de aire atrapadas finalmente han salido del montaje zigzag lo que da como resultado un bajo nivel de fluido. Agregue aceite/anti-congelante de acuerdo al diseño de su sistema en una mañana relativamente fría antes de que salga el sol.
	Goteo en la llave de agua caliente	Repare o reemplace la llave con fuga.

Síntoma	Causa	Soluciones
	Cambio en el uso diario	Ha cambiado su uso diario de agua caliente. Dele un seguimiento al uso del agua caliente (lavado de ropa, lavado de trastes, horas de baño, etc.) para ver si algunas de estas actividades coinciden. Si es así, trate de escalonar los días en los cuales el uso esté más balanceado. Suplemente con un temporizador (ver Apéndice B).
	Obstrucciones en el intercambiador de calor o los tubos	Lave el intercambiador de calor con un chorro de agua en contraflujo para sacar los depósitos (si el calentador de agua está fallando o ya es muy viejo, reemplace el calentador de agua). Si persiste el problema, haga una prueba del nivel de calcio en su agua (podría ser necesario agregar un suavizante de agua).
El sistema no produce suficiente agua caliente	Goteo en la llave de agua caliente	Repare o reemplace la llave que presenta fuga
	Efecto termo-sifón inadecuado	(Generalmente tiene otro síntoma de agua muy caliente por un corto periodo de tiempo). Instale bombas a su sistema (ver Apéndice C).

Síntoma	Causa	Soluciones
	El diseño del colector es inadecuado	Una buena manera de probar la producción de agua caliente de su sistema es apagar el calentador de agua. Si nota que después de unos días el sistema no puede satisfacer su demanda, el tamaño del colector es demasiado pequeño. Instale un temporizador (ver Apéndice B) o instale más colectores.

Apéndice E – Climas Cálidos

> ⚠ **ADVERTENCIA**: **Después de instalar este colector solar para calentar agua en el sistema de agua caliente de su casa, la temperatura en su calentador de agua variará ampliamente dependiendo que tanto sol haya disponible cada día. Como resultado, la temperatura en su calentador de agua no será constante.**
>
> **Bajo ciertas condiciones es posible que se alcancen altas temperaturas dentro de su calentador de agua que pudieran causar quemaduras.**
>
> **Para prevenir quemaduras, asegure siempre una mezcla adecuada con agua fría antes de entrar a la regadera, tomar un baño en tina, lavar o exponer la piel al agua caliente**
>
> **Los calentadores de agua solares localizados en climas más cálidos son inherentemente más eficientes y absorberán más calor del sol que aquellos en climas más fríos. Si su colector solar funciona demasiado bien (calienta demasiado el agua), cubra parte del vidrio en el colector o reconstruya el colector solar para que sea más pequeño.**

En climas cálidos donde no exista la posibilidad de congelamiento, se puede eliminar el intercambiador de calor completamente del circuito para calentar el agua directamente desde el colector solar. En tal configuración, la eficiencia del sistema aumenta y los costos se reducen considerablemente (no se requieren intercambiador de calor, tanque de expansión, o aceite de cacahuate o maní).

Sin embargo, nunca hay tal cosa como obtener algo a cambio de nada y existen riesgos ocultos asociados con la conexión directa entre el calentador de agua y el colector solar. Sin el intercambiador de calor, la presión plena de la red de agua se aplicará a las conexiones soldadas que usted hizo en el colector solar para calentar agua, mangueras, tubos, y adaptadores para conectar el circuito lo que aumentará el potencial de fugas en el sistema. Si usted vive en un área donde se experimentan transitorios o elevaciones súbitas de presión, esto también aumentará las posibilidades de fugas en el sistema.

Debido a este aumento en los riesgos, usted deberá verificar de manera rutinaria que su sistema no tenga fugas (al menos semanalmente) e instalar válvulas de seguridad extra para cerrar el paso del agua entre el calentador de agua y el colector solar.

Vea el dibujo abajo para la conexión en el Sistema de Convección (vea también la Figura 47 para efectos de comparación).

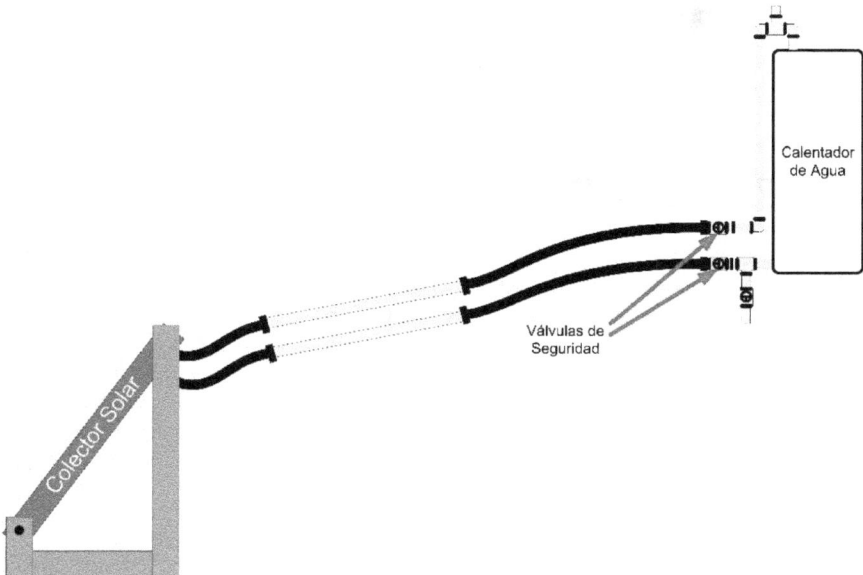

Figura 58 - Conexión Directa del Colector Solar al Calentador de Agua, Sistema de Convección

Vea el dibujo abajo para la conexión en el sistema asistido por bombas (vea también Figuras 50, 52 y 53 para comparar). Nótese que no se requiere la bomba de aceite. Aunque el panel solar y el capacitor de 2,200uF/50V no se muestran abajo (ver figura 55), aún así todavía se requieren.

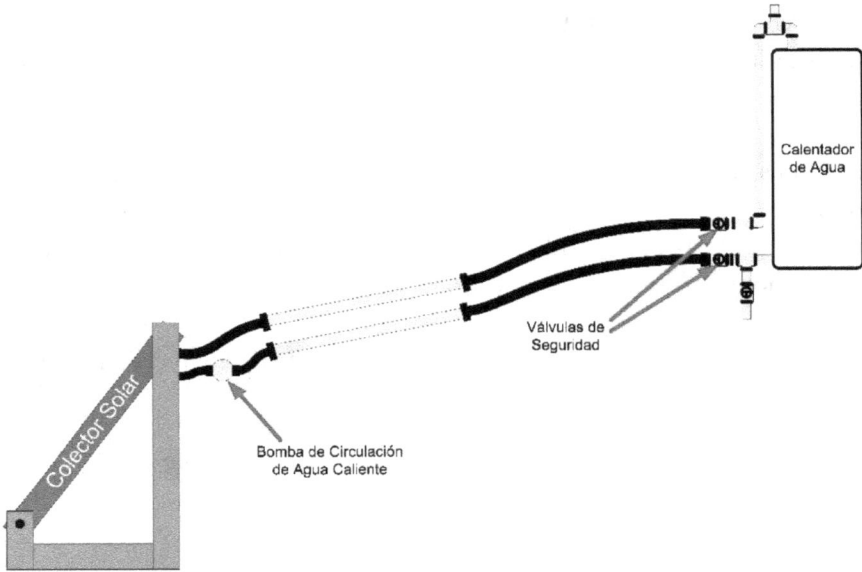

Figura 59 - Conexión Directa del Colector Solar hacia el Calentador de Agua, Sistema Asistido por Bomba

www.ingramcontent.com/pod-product-compliance
Lightning Source LLC
Chambersburg PA
CBHW050557280326
41933CB00011B/1882